PRIMA LA MUSICA !

RICCARDO MUTI
avec Marco Grondona

PRIMA LA MUSICA !

mémoires

Traduit de l'italien par
Serge Filippini

France Musique
l'Archipel

Ce livre a été publié sous le titre
Prima la musica, poi le parole. Autobiografia
par Rizzoli en 2010.

by courtesy of
www.riccardomuti.com

Photos © Silvia Lelli, Jean E. Brubaker, Todd Rosenberg, Dalmazio Besagni, Graziella Vigo.

www.editionsarchipel.com

Si vous souhaitez recevoir notre catalogue et être tenu au courant de nos publications, envoyez vos nom et adresse, en citant ce livre,
aux Éditions de l'Archipel,
34, rue des Bourdonnais 75001 Paris.
Et, pour le Canada, à
Édipresse Inc., 945, avenue Beaumont,
Montréal, Québec, H3N 1W3.

ISBN 978-2-8098-0539-0

Et tels la harpe ensemble et le luth font entendre,
Touchés à l'unisson, un tin-tin doux et tendre,
Sans qu'on distingue bien chaque note de l'air:

De même de ces feux dont l'éclair se marie,
S'épanchait sur la croix un flot de mélodie
Vague, et qui me plongeait dans le ravissement.

Dante, *Paradis*, XIV, 118-123
(tr. fr. Louis Ratisbonne, 1859)

Note de l'auteur

J'ai choisi d'emprunter à Giovanni Battista Casti son titre fort célèbre[1]. Qui me connaît croira peut-être me surprendre en flagrant délit de contradiction, et qui lira plus loin certaines pages de ce livre – celles qui concernent le *Così fan tutte* salzbourgeois – verra combien j'aime commencer toujours par les « mots » (au théâtre, j'en revendique la perfection au-delà de la musique). Je veux ici simplement rendre compte du besoin que j'ai ressenti, à soixante-dix ans, dont cinquante consacrés à la musique, de m'arrêter pour réfléchir à ma vie, à moi-même, et de mettre cette réflexion – justement – en mots.

1. *Prima la musica, e poi le parole*, divertissement théâtral, musique d'Antonio Salieri (1792). (*NdE*)

1

Un violon en guise de jouet

« Allons, commencez ! », ordonne Tonio au début de *Paillasse*, voix paisible et métaphysique d'un prologue qui n'a cessé de m'accompagner, comme tant d'autres musiques, tout au long de ma vie.

Commençons par faire la lumière sur le lieu de ma naissance car c'est un point sur lequel persiste à régner une grande confusion. Pour certains, je viens des Pouilles ; d'autres me tiennent pour napolitain, et les habitants de Molfetta prennent toujours assez mal le fait que je puisse me dire – pour des raisons objectives – natif de Naples. J'y vis le jour le 28 juillet 1941, pendant la guerre, d'une mère très napolitaine et d'un père originaire des Pouilles. Je suis donc né à Naples, mais on m'a tout de suite emmené à Molfetta, et j'abrite le même amour pour l'une et l'autre patrie : j'aime à me définir comme un Apulo-Campanien.

Si je suis né à Naples, alors que mon père, Domenico, était médecin dans les Pouilles, c'est que ma mère (de son nom Gilda Peli-Sellitto) était assez fière de sa ville pour s'y rendre chaque fois qu'un des cinq enfants qu'elle eut annonça sa venue : elle prenait le train, nous mettait au monde et se rapatriait à Molfetta lorsque nous avions quelques jours. Nous autres enfants, l'âge de raison atteint, jugeâmes bien curieuse une telle décision : pourquoi donc s'infliger un voyage long, éprouvant, voire dangereux, surtout dans mon cas, puisque je vis le jour au cours de la deuxième année de guerre ? Si nous lui posions la question, elle nous répondait – sans savoir que l'un de nous au moins mènerait une existence de globe-trotter qui l'entraînerait souvent loin des frontières italiennes – d'une phrase à laquelle nous n'accordions alors guère d'importance, mais qui ne peut aujourd'hui que m'apparaître prophétique :

— Si un jour vous partez courir le monde pour finir, que sais-je, en Amérique, et si l'on vous demande d'où vous venez, vous répondrez : « De Naples. » Et l'on vous respectera.

Phrase qu'elle prononçait en faisant chuinter les « s », comme seuls savent le faire les Napolitains.

— En revanche, si vous répondez : « De Molfetta », vous perdrez du temps à expliquer où ça se trouve !

Cela dit sans nulle offense pour les habitants de Molfetta, terre de naissance d'hommes aussi illustres que l'abbé et littérateur Vito Fornari, le très grand peintre Corrado Giaquinto, ou, plus récemment, l'historien et politicien Gaetano Salvemini – d'ailleurs apparenté par alliance à mon père puisqu'ils étaient cousins ; nous parlions quelquefois de lui en famille.

Je fus amené à Molfetta alors que j'avais quatorze jours. J'y ai vécu seize ans. Mes études ont commencé à l'école élémentaire Alessandro Manzoni, où mon maître, les trois dernières années, n'était autre que mon grand-père Donato Muti : il en était le directeur et fut pour moi un professeur très exigeant. Sa sévérité a marqué les années de formation de l'adolescent, puis du jeune adulte que j'étais. Au collège comme au lycée (le même qu'avait fréquenté Salvemini), la discipline était de rigueur, comme l'était le vouvoiement ; aujourd'hui encore, j'ai souvent du mal à tutoyer : question d'éducation. Lorsque j'étais petit garçon, cet usage permanent du « vous » m'impressionnait énormément, surtout lorsqu'il servait aux réprimandes. Le rapport du professeur à l'élève nous menait à l'absurde, entre respect et dérision. Combien de fois m'a-t-on crié : « Vous êtes un âne ! »

Je me souviens qu'un jour, en sixième, en cours de latin, le professeur Delzotti me tira l'oreille à me faire mal. Tout cela à cause de son périlleux « *pluit aqua* » ! Interrogé sur le cas, j'avais répondu : « Nominatif. » Bien sûr, je n'avais pas appris ma leçon. Il me traîna par l'oreille jusqu'à son bureau, avec force moqueries :

— Nominatif, hein ? Nominatif, hein ? Nominatif, hein ?

Une autre fois, prié de traduire « *mus est farinam* » (« la souris mange la farine ») – avec ce « *est* » inspiré d'Horace, aussi insidieux qu'un cœur rongé par la passion (*si quid est animum*[1]) –, je fis la confusion entre « manger » (*edo, es, est*, etc.) et « être » (*sum, es, est*, etc.). Ce fut pour me voir accablé de la même inexorable rigueur. Tout ceci m'amène à la réflexion suivante : nos maîtres étaient bien étranges, si différents des enseignants actuels ou de ceux que mes propres enfants ont eus en classe.

Je ne partage pas ces méthodes, mais je dois dire qu'il ne m'en est resté aucun complexe particulier ; au contraire, grâce à elles, je ne mâchonne pas si mal mon latin, chose qui suscite souvent de la curiosité à l'étranger. C'est pourquoi je n'ai que gratitude aujourd'hui à l'égard de mes professeurs : à bien y regarder, ils n'exigeaient rien d'autre qu'un certain comportement et nous demandaient d'être déjà des « hommes », plutôt que des adolescents.

Je me souviens par exemple du professeur Angelo Tangari, qui enseignait l'italien. Un jour qu'il faisait son cours de littérature, il entendit quelqu'un faire le pitre. Il demanda qui c'était : pas de réponse. Comme il nous menaçait de punir toute la classe pour indiscipline,

1. « Pourquoi t'empresses-tu d'ôter / Ce qui blesse ton œil ; / Et, si quelque chose ronge ton cœur, / Pourquoi remets-tu à un an / Le moment de soigner le mal ? » (Horace, *Épîtres*, I, 2e ép., 39)

quelqu'un dit : « C'est lui ! » Tangari fit signe au coupable qui reconnut les faits et fut expulsé du cours pour la matinée. À une heure, au son de la cloche, nous nous jetâmes vers la sortie. Le professeur, comme à l'accoutumée, se tenait près de la porte, recevant nos salutations quand nous passions devant lui. Vint le tour du délateur : il le garda en classe avec lui et referma la porte. Nous n'avons pas su ce qu'il lui dit. L'incident rappellera à nombre de lecteurs le célèbre épisode du *Livre-Cœur* d'Edmondo De Amicis : « Pâle, le maître se leva et demanda d'une voix changée : "Qui est-ce ?[1]" »

Soixante-dix ans s'étaient écoulés depuis la parution du roman de De Amicis, mais telle était l'atmosphère : la sévérité régnait dans la famille comme à l'école. Je ne dis pas que c'était une bonne chose ou une mauvaise chose. Je veux seulement montrer le climat dans lequel j'ai grandi et donner à comprendre cette espèce de réserve qui est la mienne : elle est souvent prise pour une volonté de garder mes distances ou, pire, pour une attitude hautaine et arrogante. Il n'en est rien : je suis même convaincu d'avoir un fond timide. Il peut m'arriver de paraître austère ou sévère, mais lorsqu'un soir, à Milan, il y a bien longtemps, je rencontrai Gigi Proietti et Roberto Begnini à l'angle des rues Manzoni et Montenapoleone, je les étonnai par le nombre de blagues que je connaissais.

Mon père était un excellent médecin. Il était venu au monde doté des qualités intérieures qui nourrissent le prétendu « regard clinique » : peu d'instruments et

1. *Le Livre-Cœur* (*Cuore*), d'Edmondo De Amicis (1886), traduction de P. Caracciolo, M. Macé, L. Marignac et G. Pécout, notes et postface de G. Pécout, suivi de deux essais d'Umberto Eco, Paris, Éditions Rue d'Ulm/Presses de l'École normale supérieure, 2001. L'épisode en question est celui du mercredi 26 octobre, « Un caractère généreux », au cours duquel Franti singe la maman de Crossi, lequel prend un encrier sur le bureau du maître, avant que Garrone, qui est innocent, ne s'accuse pour épargner à la classe une punition collective.

beaucoup de symptomatologie. Aujourd'hui encore, à Molfetta, on se rappelle le « docteur Muti », surtout les vieux dont il a soigné les enfants. Il travaillait sans cesse et, après avoir visité ses malades (on disait alors les « assurés »), il avait coutume de donner de son temps aux communautés religieuses : elles étaient nombreuses en ville, à commencer par le séminaire pontifical régional et le séminaire épiscopal qui accueillait les élèves jusqu'à leur entrée au lycée. C'est pourquoi il m'arrivait souvent, étant enfant, de courir dans les couloirs des couvents et des monastères.

J'étais devenu familier de ces lieux, et j'étais très jeune encore lorsque j'y provoquai un petit scandale. C'était dans la basilique Santa Maria dei Martiri, une église fort ancienne appartenant aux capucins, dotée en annexe d'un hôpital fondé pour soigner les Croisés et d'une salle immense où nous allions déjeuner une fois l'an. Je me souviens des longues barbes blanches et des yeux enflammés de ces frères : scène digne du récit du moine Melitone dans *La Force du destin*! Un jour, tandis que les frères célébraient la messe, je grimpai sur la console de l'orgue et, pour la communion, me risquai à jouer l'air « Brindisi » de *La Traviata*. La fréquentation de ces lieux, de ces prêtres, de ces moines (il m'arrivait de les aider à éplucher les pommes de terre ou à porter des glands aux cochons) me mit en contact avec un monde à présent disparu, aux relents prononcés de XIXe siècle. Cela a dû jouer sur ma formation, non pas au sens confessionnel (au contraire, j'ai développé une allergie à toute fermeture d'esprit de type fondamentaliste !), mais au sens d'une « culture » bien particulière, encore très vivace alors. N'oublions pas qu'en ces années la télévision était si peu répandue que ses effets étaient encore inexistants.

Molfetta n'était pas un petit village. Je me souviens pourtant qu'à l'époque deux choses y étaient rares : le téléphone (le premier que je vis, mi-jaloux mi-électrisé, était chez mon ami Pansini) et la voiture. À la fin des année 1940, mon père circulait en calèche menée par un cocher. Nicola – c'était le nom de cet homme – se vantait d'avoir été, pendant la Première Guerre mondiale, l'un de ces audacieux éclaireurs appelés Arditi : il en avait gardé le poignard sur lequel il veillait avec des airs jaloux et résolus. À Florence, un ami m'a prêté *Le Veglie di Neri*, de Renato Fucini (1882), livre dont le succès s'explique par l'usage généreux qu'il faisait de la langue toscane. Dans un chapitre, l'auteur évoque son père, médecin de campagne, qui le réprimandait d'un ton menaçant chaque fois qu'il partait à cheval faire ses visites sous la neige : « Rappelle-toi comment ton père gagne sa vie[1]. » Eh bien ! à Molfetta, après-guerre, le climat n'était guère différent. En revanche, lorsque nous nous déplacions tous ensemble pour aller aux fêtes d'Andria, de Terlizzi, de Bisceglie ou de Giovinazzo, nous prenions la voiture à cheval ; ce même véhicule avec lequel nous quittâmes le village un soir pour être à l'aube à Castel del Monte : quelle ne fut pas notre surprise, en écartant le rideau, de découvrir, tombée du ciel, l'énorme couronne du château de l'empereur Frédéric, image extraordinaire que je ne devais plus oublier.

Après le cheval, en 1950, nous fîmes l'acquisition d'une voiture. Le choix se porta sur la Fiat Giardinetta. Elle servait essentiellement aux déplacements professionnels, mais il nous arrivait de la prendre l'été pour aller passer quelques jours de vacances à Naples, dans la maison de ma grand-mère maternelle. À l'avant prenaient place le chauffeur et maman ; mon père et mes deux grands frères se serraient à l'arrière. On fixait sur le porte-bagages une banquette en bois pour les jumeaux et pour moi. En définitive, mes parents, le chauffeur et les cinq enfants étions donc huit ; l'avalanche de valises

1. Il s'agit des pages intitulées « Dolci ricordi » (« Doux souvenirs »), dans lesquelles Fucini avoue à son père qu'il a perdu de l'argent au jeu.

fixées sur le toit par des cordes est une image qui ne subsiste plus que dans les films néoréalistes. Et, comme il n'y avait pas d'autoroute, nous suivions les nationales et les départementales pendant quelque dix heures de trajet. Notre voiture peinait dans les côtes. Après Bovino et Ariano Irpino, on attaquait celle de Dentecane. Papa invitait alors le chauffeur à prendre de l'élan en lui criant : « *Scèmme, Lui', scèmme !* », autrement dit : « Fonce, Luigi, fonce ! »

Adolescents, nous allions l'après-midi nous balader du côté de la « Villa Communale », comme on disait : c'était notre *calle Mayor*, notre promenade, non pas une villa à proprement parler, mais un jardin circulaire, proche de la mer, où tous les habitants de Molfetta allaient flâner. Nous y rencontrions nos professeurs, parlions de philosophie et de tous nos problèmes, « péripatéticiens » en herbe engagés dans leurs premiers flirts. Le sommet de l'exaltation que nous pouvions espérer atteindre, c'était le regard échangé quelques secondes avec les filles quand elles nous croisaient en sens inverse. On n'aurait pu inventer plus sublime amour : nous sortions pour essayer d'obtenir un « regard » !

Tout cela se passait sous l'œil de la grande horloge du séminaire épiscopal où resplendissait l'inscription latine : « *Mortales vos esse docet quæ labitur hora* » (« Mortels, l'heure qui passe vous dit : vous devrez mourir ! »), un de ces hexamètres dans le goût humaniste dont je devais rencontrer par la suite, lors de mes voyages à travers l'Italie, nombre de variantes, comprenant chaque fois l'indispensable *labitur*. Je pus lire une fois : « *Fallimur imperiis it gloria labitur ætas*[1]. » Contraste fondamental que cet amour né à l'enseigne de l'horloge. Devenu « grand », quand j'ai commencé à diriger *Don Giovanni,* je pensais à cette inscription chaque fois que s'annonçait la scène où le libertin tire sa montre de sa

1. « Le pouvoir est un leurre, la gloire passe et le temps s'enfuit. »

poche. (J'en ai retrouvé le sens dans l'accumulation d'horloges voulue par Luca Ronconi, dans sa mise en scène de cet opéra à Salzbourg, en 1999.) La perception de la mort, définie en ces termes, est un thème assez présent dans le Sud de l'Italie, où tout se passe comme si la Libitine, déesse romaine des funérailles, vous rappelait au *memento mori* en pointant le doigt sur vous du matin au soir. À ce propos, pensez que, lorsque j'étais enfant, il y avait encore des pleureuses, autrement dit des femmes que le commun des mortels ne rencontre plus qu'au détour de *Morte et pianto rituale*[1] : quand quelqu'un partait pour l'autre monde, elles venaient chez vous réciter – moyennant salaire – une sorte de *laudatio funebris* (et De Martino en cite une, justement, de la ville très méridionale de Ferrandina : « *O Ciccile mie, o belle, o frate, o frate, o Cicille mie* »). La plus célèbre, la dernière peut-être, fut une dénommée Giustina, dite « du Cimetière ». Je crois la voir encore : elle sortait toujours vêtue de noir des pieds à la tête – la couleur dominante à l'époque, en particulier à Molfetta.

Mon père possédait une très belle voix de ténor. Je l'entendais chanter des airs de Mascagni et de Leoncavallo ; quant à mon grand-père, Donato, le sévère maître d'école, il avait l'habitude de chanter lui aussi,

1. Ouvrage que l'historien et ethnologue Ernesto De Martino a consacré en 1958 aux rituels funèbres dans l'Antiquité. Je lis par exemple sous sa plume : « En Lucanie, de nos jours, la lamentation est en général assurée par les parents du défunt, sans le concours de pleureuses rémunérées ou professionnelles. Cependant, le souvenir des pleureuses appelées pour remplir leur office lors des funérailles est toujours vivant et remonte à un passé relativement récent. Les pleureuses de Senise, autrefois célèbres, étaient appelées à fournir des prestations fort appréciées, quasi autant que celles de Pisticci ou d'ailleurs. Désormais, recourir aux pleureuses professionnelles est regardé comme une honte : des villages peuvent s'accuser mutuellement de pratiquer cette coutume, même si l'accusation ne se fonde sur aucune preuve. »

même s'il n'avait guère de voix. Les airs de *Norma*, assez souvent ; je l'entendis même s'essayer une fois à un air d'*Attila*. C'est que l'amour de l'opéra était immense dans la famille (comme du reste dans les strates les plus hétérogènes de la population) et entretenu à bien des égards par les traditionnelles fanfares qui, avec leurs fantaisies sur des airs d'opéra, apportaient la musique aux gens. Nul ou presque n'avait de disques, et beaucoup n'avaient même pas la radio. J'avais trois ans la première fois que l'on m'emmena au théâtre Petruzzelli de Bari ; j'y écoutai *Aida* – ainsi qu'on me l'a rapporté – sans pleurer ni m'agiter.

Car mon père voulait que tous ses enfants se mettent à la musique d'une façon ou d'une autre : c'était pour lui un enseignement fondamental en matière d'éducation, un bagage sans lequel on n'était pas une personne accomplie. À mes frères échurent une guitare et un accordéon, instruments qu'ils avaient choisis, autant qu'il m'en souvienne. Quant à moi, je n'en choisis aucun, car cela ne m'intéressait pas vraiment. À Molfetta, le 6 décembre, jour de la « Santa Nicola » (comme dit le dialecte), on distribue des cadeaux aux enfants (ces cadeaux que les autres petits Italiens reçoivent à Noël, ou le 6 janvier avec la visite de la Befana, la gentille sorcière). En ce très lointain matin de 1948 m'arriva un petit étui contenant un violon demi. Ma déception fut terrible : pas de jouet, mais au contraire, sous mes yeux, la preuve tangible que quelque chose d'effroyable et d'imminent m'attendait. On ne tarda pas en effet à m'attribuer un professeur de solfège. Je me souviens encore d'elle : une jeune femme blonde. Cependant ma haine du solfège demeura telle qu'au bout de trois mois je n'avais obtenu aucun résultat. Ma tête était récalcitrante, elle refusait d'apprendre. Si la jeune femme blonde me montrait une ligne sur la portée, je répondais au petit bonheur, sans reconnaître une seule note ; en conséquence, elle conseilla à mon père de ne pas s'acharner.

Convaincu, celui-ci s'apprêtait à accepter, quoique à contrecœur, d'avoir un fils non musicien, lorsque ma mère, qui pourtant ne nourrissait aucun intérêt particulier pour la musique, nous laissa stupéfaits en déclarant :

— Attendons un mois de plus.

Dans la famille, c'était souvent à elle qu'incombaient les décisions « irrévocables », comme on disait alors. Je ne sais pourquoi elle avait prononcé ces mots, ni ce qu'ils déclenchèrent en moi ; toujours est-il qu'en l'espace d'une nuit tout fut dénoué. Dès le lendemain matin, face au professeur, je reconnus les notes aisément, voire avec une certaine assurance, de sorte que je pus passer du solfège à l'instrument. Mon premier professeur de violon fut le maestro Aldo Gigante. Il entreprit de me montrer la position de la main gauche sur la touche, la technique de l'archet, les premiers rudiments en somme.

Les débuts furent pénibles : j'essayais de produire du son avec la corde vide devant une fenêtre donnant sur la place Paradiso, où les garçons de mon âge jouaient au ballon. Difficile, dans ces conditions, de ne pas haïr le violon. Et, pour la deuxième fois, mes progrès marquèrent le pas. Toutefois, à la suite de je ne sais quel déclic, un changement survint et je fis des pas de géant. Au point que l'année 1950 me trouva capable d'exécuter, accompagné de Gigante au piano, un concerto de Vivaldi en *la* majeur devant un parterre de trois cents séminaristes « pontificaux ». La nouvelle parut dans la *Gazzetta del Mezzogiorno* car ma prestation fut suivie ce soir-là d'un petit concert et du chœur des séminaristes (parmi lesquels figurait un futur évêque appelé à la célébrité à Molfetta, Son Excellence Tonino Bello, le recteur de l'établissement étant Corrado Ursi, futur cardinal et archevêque de Naples).

Il me faut cependant revenir sur un épisode antérieur. Quelques années plus tôt, ayant commencé d'étudier le violon à Molfetta, il m'était arrivé une aventure singulière. En tant que médecin assez respecté, mon père – comme je l'ai dit – fréquentait des séminaires, des couvents et des paroisses ; on décida que je réciterais pour le temps de Noël une prédication dans l'église de l'Immacolata, non loin de la maison. Deux mois durant je reçus les leçons d'art dramatique d'une pauvre béguine, couturière, une espèce de sacristaine qui gesticulait pour illustrer les mouvements qu'il me faudrait accomplir pour faire un récitant digne de ce nom. Je devais attaquer en disant : « *Christus natus est nobis, venite, adoremus* », puis ajouter en me tournant sur la droite, où se trouvait l'abbé : « Mon très révérend père », et enfin : « Messieurs » en regardant la salle. De la suite, j'ai tout oublié aujourd'hui. Pour le costume, je dus me rendre au séminaire épiscopal et essayer l'habit de plusieurs séminaristes avant d'en trouver un à ma taille : il avait des boutons rouges (alors que le costume des séminaristes pontificaux était noir). On me mit entre les mains un grand tricorne de prêtre et le surplis. Le soir de la récitation, tous les miens étaient présents dans l'église bondée ; à la fin, lorsque j'eus salué l'abbé, mon grand-père me donna cinq cents lires, une somme pour l'époque et pour lui qui – sachant ce que signifiaient richesse et pauvreté – était assez prudent à la dépense. Voilà comment il me fut donné de porter la soutane deux heures durant, moi qui n'ai jamais songé à me faire séminariste !

Jeune enfant, il m'arrivait encore, lorsque j'accompagnais mon père dans sa tournée de visites, de faire des incursions dans les couloirs du séminaire pontifical : les distractions alors étaient peu nombreuses, et c'était un passe-temps en soi que d'aller voir, par exemple, la grande salle du département des sciences. Puisque je venais de m'inscrire au conservatoire de Bari, les séminaristes décidèrent de me faire participer à leur représentation théâtrale annuelle, un spectacle ouvert au public, auquel assistaient nombre de parents venus des quatre coins des Pouilles, de la Calabre et de la Basilicate. Je reçus pour mission d'apprendre *Raggio di sole* (« Rayon de soleil »), un petit opéra dans lequel jouaient aussi mes frères jumeaux. Il y avait un chœur – c'est ce dont je me souviens le mieux – dans lequel les séminaristes en culotte de zouave, selon la mode de l'époque, chantaient rien de moins que : « Nous v'nons des gratte-ciel de New York, en traversant à pied le Canada. » Je trouvais bizarre de les voir costumés de façon aussi inhabituelle, eux qui d'ordinaire circulaient dans les rues de Molfetta avec le grand chapeau rond et la cape, en rangs par deux (« Comme frères mineurs qui s'en vont par les routes[1] »), image aussi éloignée pour moi du chœur en culottes de zouave que la Terre l'est de la Lune. Pour ma part, je me montrai sous un jour très sévère, bien que l'opéra fût assez léger.

Je ne fus pas moins austère en préparant pour Noël *La Santa allegrezza* (« La Sainte Allégresse »), un chœur de nativité traditionnel à Molfetta ; il fut un temps, m'avait raconté mon père, où l'on pouvait même voir des solistes improvisés le chanter à la porte des *bassi* – ces logements sans étage typiques de l'Italie du Sud, comme il y en avait encore beaucoup. Le texte disait :

Je veux chanter
La sainte allégresse
La beauté de Dieu
En toute dignité
Il s'est incarné dans la Vierge pieuse
Laissant à Marie sa virginité
Avec grand amour, avec grand amour :
Ainsi le voulut l'Esprit-Saint.

Et ces troubadours improvisés, en échange de leur performance à l'occasion des fêtes, demandaient peu de monnaie.

1. Dante, *Enfer*, XXII, 3.

Nous devions être en 1956 et ils souhaitèrent faire un concours chorales car, entre-temps la pratique des chœurs de la Nativité s'était affermie : l'*Allegrezza* était souvent chantée à plusieurs – avec une guitare, un violon, un accordéon, une contrebasse et d'autres instruments encore. On allait ainsi de maison en maison apporter aux gens, précisément, la « Sainte Allégresse ». Après quelques couplets, la maîtresse de maison offrait un goûter composé de gâteaux et de liqueurs, au point que l'habitude s'était établie de conclure les nombreux couplets par une invitation ainsi tournée : « *uè la patrona, uè la patrona, issa o canistru e da' cosa bona* » – ce qui peut se traduire ainsi : « Hé ! la patronne, ouvre tes paniers et donne-nous quelque chose de bon ! » Au concours, je remportai la victoire avec mon groupe : je dirigeais du violon un ensemble guitare, accordéon, mandoline et contrebasse à trois cordes. Cette dernière était énorme, je l'avais dénichée dans le salon d'un coiffeur qui tenait boutique au rez-de-chaussée de notre maison (comme ces airs évoluaient toujours sur la tonique, dominante et sous-dominante – sans même une modulation au sixième degré –, je l'avais fait accorder en *si* bémol, *mi* bémol et *fa* ; la comptine, nous la jouions en *si* bémol). La récompense, une coupe que j'ai toujours conservée, fut ma première relique ; j'avais dirigé des personnes plus âgées que moi et, quoique je ne songeasse pas à consacrer ma vie à ce métier, j'étais très exigeant et réclamais des intonations précises : pour le malheureux qui était obligé de jouer de la contrebasse à trois cordes, ce n'était pas une mince affaire que de trouver le *mi*, le *fa* et le *si* bémol ! Je demandais des répétitions si rigoureuses que je dus affronter un jour une mutinerie : ils arrivèrent en retard au rendez-vous car ils avaient fait halte à la porte de ma maison pour fomenter leur révolte. Quand j'y songe aujourd'hui, l'affaire me fait sourire, mais j'étais convaincu que cette musique, toute simple qu'elle était, devait être exécutée dans le respect des règles techniques et avec engagement moral ; d'ailleurs, à la fin, tous les « musiciens » s'en trouvèrent très heureux.

À la même époque, les mêmes séminaristes du *Rayon de soleil* me commandèrent une œuvre chorale en quatre mouvements susceptible d'être chantée lors de la consécration du sacerdoce. Je le répète, je ne me souciais aucunement de mon avenir. Je regarde à présent ce morceau comme on considère ces singulières anticipations offertes par la vie. J'écrivis mon *Tu es sacerdos in æternum* (« Tu es prêtre pour l'éternité ») a cappella, sur un contrepoint que je trouve aujourd'hui hésitant, mais qui me plaisait alors beaucoup ; sans doute fut-il jugé trop complexe car il ne fut pas donné ; je l'ai néanmoins conservé.

Comme j'avais commencé le violon, je continuai donc d'étudier cet instrument durant plusieurs années, jusqu'à ce que mon professeur me fît comprendre combien il était essentiel de recevoir aussi une formation pianistique. Je fus d'abord confié à la maîtrise De Judicibus, une émanation – dirigée par lui-même – de l'école de Florestano Rossomandi, un maître important de l'école napolitaine. Je tombai amoureux de l'instrument : alors que le violon m'obligeait à rechercher un partenaire, le piano me permettait de faire la mélodie *et* l'accompagnement, un véritable miracle pour moi. J'eus tôt fait d'être prêt pour l'examen de cinquième année.

Je n'en poursuivais pas moins ma scolarité. Mon père, en dépit de sa foi en la musique, n'envisageait pas pour moi un avenir de musicien ; à l'instar de la plupart des provinciaux, il regardait l'univers musical comme une chose lointaine, voire peu familière ; dans le meilleur des cas, il m'aurait bien vu diriger un orchestre local. C'est ainsi que j'abandonnai le violon pour le piano et m'inscrivis à Bari au conservatoire Piccinni. Mais ne brûlons pas les étapes.

En 1955, au programme de mon examen figurait entre autres morceaux la *Polonaise* n° 4 de Chopin en *sol* dièse mineur. Je me rendis sur place le matin et attendis mon tour. Les heures passaient. À 14 heures, il était tard, il faisait chaud, j'avais faim, ma peur croissait démesurément et le jury portait nœud papillon noir comme les musiciens d'autrefois, ainsi que le maestro Pasquale La Rotella. Imaginez mon impression, moi qui étais issu du monde fantasque du Vendredi saint, de la *Povera Rosa*[1], des marches funèbres de Molfetta ! Tout à coup apparut à la porte un homme petit, mais dont le regard brillait d'un éclat pénétrant. Il nous demanda combien n'étaient pas encore passés. Trois. Je hasardai, peut-être sous l'effet de la peur :

— On ne pourrait pas revenir demain ?

Il me fixa des yeux, m'entraîna dans une autre pièce, me demanda de lui jouer quelque chose et me dit péremptoirement :

— L'examen, tu le passes aujourd'hui.

Après l'épreuve, le petit homme se leva et me déclara à la cantonade :

— Nous t'avons donné dix, avec les félicitations du jury. Non pour ton jeu, mais pour ce que tu en feras.

Cet homme s'appelait Nino Rota. Il dirigeait le conservatoire et faisait la navette entre Bari et Rome, d'où le nombre de ses absences. Le destin avait voulu qu'il soit présent ce jour-là et qu'il m'adresse la parole. Je rentrai à la maison triomphant. Tout semblait devoir s'arrêter là.

En septembre, mon père fut appelé à Bari pour affaire à l'Inam (Istituto nazionale dell'assistenza

1. Peut-être la plus populaire des marches funèbres que l'orchestre exécutait en plusieurs « stations » le long des rues de notre petite ville pendant la grande procession du Vendredi saint ; elle pourrait avoir emprunté son titre à l'émouvante lamentation du poète Salvatore Di Giacomo, « Povera Rosa ! » (*Pœsie e prose*, Mondadori, Milano, 1977).

sanitaria), un organisme de santé publique. Il s'y rendit avec Peppino, un chauffeur que je devais retrouver par la suite en Amérique, à Hoboken, New Jersey, où il avait émigré. Ce chauffeur m'emmena voir les résultats affichés dans un grand escalier de l'Institut de musique. Je jubilai en admirant mon dix avec félicitations du jury. C'est alors que quelqu'un qui passait derrière moi se retourna en disant :

— Mais… c'est le petit Muti !

Sans être devenu un géant, il est vrai qu'enfant ma croissance n'était pas spectaculaire, ce dont ma mère se plaignait parfois en disant : « *Chisto ccà nun cresce maie, stu guaglione ?* » (« Mais pourquoi ne veut-il pas grandir, ce gamin ? »). C'était encore Nino Rota. Il me conduisit dans son bureau directorial et insista pour m'inscrire : j'avais du talent, il me fallait des condisciples musiciens. Ce fut pour moi comme un voyage dans l'espace : trente petits kilomètres séparent Molfetta de Bari, mais, chez nous, personne n'avait jamais quitté la maison. Un grand conseil de famille fut convoqué et décida qu'un entretien avec le directeur s'imposait. C'est ainsi que nous prîmes un rendez-vous collectif avec Rota. Il fut décidé de m'inscrire au cours de Franco Ruggero, superbe maestro de cette école napolitaine évoquée par Vitale dans son livre[1].

Dès 1956, je fréquentais le matin le lycée en section classique ; l'après-midi, je prenais un car assez lent qui empruntait la nationale 16 et gagnait Bari par Giovinazzo, Santo Spirito et Palese. Comme cela se produit souvent, je crois, les professeurs du lycée n'avaient que faire de mes cours de musique (et vice versa : ni les uns ni les autres ne toléraient d'excuses), aussi devais-je me montrer bon élève sur les deux fronts. Je crois que cela n'a guère changé. Rota m'entourait d'une

1. Vincenzo Vitale, *Il pianoforte a Napoli nell'Ottocento* (« Le piano à Naples au XIXe siècle »), Bibliopolis, Napoli, 1983.

proche et indéfectible affection. Il était attentionné et me prodiguait des conseils. C'est lui qui me fit écouter mon premier quatuor et me donna pour la première fois l'occasion d'entendre répéter l'orchestre et les chœurs de Bari, sous sa direction, dans l'oratorio *Aiace* d'Orazio Fiume. Je n'avais encore jamais vu d'orchestre. Je n'en croyais pas mes yeux. J'appris beaucoup sur les instruments ; c'était chose nouvelle pour moi, qui ne connaissais de l'orchestre que ce que j'en avais entendu, sporadiquement, à la radio ou sur un tourne-disque. Rota me montra au piano certaines compositions de sa main, puis des fragments de *Wozzeck* et *Lulu* d'Alban Berg, monde dont j'ignorais absolument tout.

Dire comment se noua notre amitié me permettra de définir au mieux sa personnalité de compositeur. On a beaucoup reproché à Nino Rota le genre de musique qu'il écrivait. Ses adversaires ne comprenaient pas que le choix d'*un* style amène forcément à exclure les autres. Cela n'empêche pas qu'il avait une très solide formation ; son langage laisse d'ailleurs entendre des échos de Stravinsky, de Prokofiev, de Bartók, etc. J'affirme que, pour n'avoir fait usage que d'une technique, le maestro les connaissait toutes ; la sienne peut apparaître moins contemporaine ou, pour mieux dire, moins d'avant-garde que d'autres, cela ne signifie pas qu'il n'aurait pu être – l'eût-il voulu – un compositeur d'avant-garde.

2

« As-tu jamais pensé à diriger ? »

L'année scolaire 1956-1957 s'acheva par un récital de classe. J'exécutai avec succès le *Carnaval de Vienne* op. 26 de Schumann, morceau assez complexe. À la même époque parvint à maturité la décision (ma mère, notre éternelle guide, avait la chose en tête depuis longtemps) de déménager à Naples – où mes deux frères aînés vivaient déjà – afin de se rapprocher de l'université. Ils s'en retournèrent discuter de mon sort avec Rota. Cet homme hors du commun, sous ses dehors honnêtes et modestes, conseilla de m'inscrire à un conservatoire plus important, celui de Naples précisément, et rédigea une lettre de recommandation à son directeur, Jacopo Napoli. C'est ainsi que nous avons déménagé et que j'entrai en première au lycée d'État Vittorio Emanuele. Lorsque j'y suis retourné il y a quelques mois, le concierge m'a dit en napolitain :

— Maestro, comment allez-vous ? Je vous ai tous les jours sous les yeux !

À ma stupéfaction – je n'avais pas remis les pieds dans l'établissement depuis 1959 –, il me montra la plaque où étaient gravés les noms des élèves devenus célèbres – parmi lesquels Mercalli, l'inventeur de l'échelle sismique, et d'autres encore –, tous morts, sauf votre serviteur qui figurait en queue de liste.

Je me rendis chez le maestro Napoli, qui chargea Vincenzo Vitale de me faire passer une audition.

Le grand pianiste avait alors cinquante ans et possédait une culture très raffinée. Il m'attendit chez lui, 2 *via* Mergellina – le Vésuve, les bateaux, les voiliers, les hors-bord des contrebandiers, la vue inoubliable de sa fenêtre –, pour écouter mon interprétation de l'op. 26 de Schumann. Je donnai tout. Il sut repérer mes atouts, mais ne m'en mit pas moins au pain sec et à l'eau : techniquement, il fallait tout reprendre de zéro, avec de nouvelles positions pour les exercices très lents, au risque de rendre fous mes deux frères, obligés d'écouter des heures durant les formules minimales bien connues, sur le modèle *do, mi, ré, fa.*

Je m'inscrivis à son cours. Expérience essentielle : Vitale n'enseignait pas seulement le piano, mais la musique *tout court*[1]. C'est à lui que je dois ce sens inégalable du phrasé et de l'agogique[2], dont on trouve déjà une connaissance parfaite dans les lettres de l'Autrichien et Napolitain d'adoption Sigismund Thalberg, ainsi que dans les méthodes de Beniamino Cesi ou Giuseppe Martucci. Pour eux tous, seule compte la phrase : elle contient son propre développement et exclut par conséquent le fatidique : « Moi, je l'entends comme ça ! », si répandu chez les interprètes d'aujourd'hui, expression d'une dérive dilettantiste sous l'influence de laquelle j'étais moi-même jusqu'alors. La phrase possède au contraire une loi interne dont la caractéristique est naturelle ; tâcher d'en retrouver la trace, puis la respecter scrupuleusement, n'est pas faire preuve de froideur, c'est adopter une vision objective et, à mon sens, quasi scientifique de l'écriture musicale. Il faut notamment détecter le moment culminant et ne pas l'ignorer, repérer aussi les points agogiques et les marquer. À l'inverse, celui qui se fie naïvement à son propre ressenti finit souvent par ne plus respecter la phrase ; inévitablement il la

1. En français dans le texte. (*NdT*)
2. Le terme indique de légères modifications à apporter à une exécution pour la rendre plus expressive.

trahit et l'abîme. C'est ainsi que ces maîtres voyaient les choses, et ils avaient raison.

Élève de Vitale, je fis des progrès si décisifs qu'à la fin de l'année je jouais en virtuose la *Rhapsodie espagnole* de Liszt, ainsi que plusieurs études difficiles de Thalberg. Lorsque le conservatoire de Naples organisa une visite à Bari, mon interprétation suscita l'admiration d'un des professeurs qui exerçaient là-bas : le grand organiste Armando Renzi. Vitale vouait un culte à l'école napolitaine *lato sensu*, et je l'avais pour ainsi dire sous les yeux lorsque je parcourais à pied sur toute sa longueur la *via* Caracciolo et traversais le jardin de la Villa Communale : la statue de Sigismund Thalberg était la première à venir à ma rencontre. Là commençait toute une dynastie qui menait jusqu'à Vitale.

L'ancien couvent des célestins, siège du conservatoire de San Pietro a Majella, était par ailleurs un lieu évocateur, empli de religiosité : salles austères et *Sturm und Drang*, éclairées au centre d'une faible lumière, modestes chaises de paille. Bien des années plus tard, alors que je me trouvais à l'université d'Indiana à l'occasion d'un concert avec l'Orchestre de Philadelphie, on me montra une salle de musique : deux grands pianos à queue, un bar, de la moquette, une atmosphère d'un luxe merveilleux. Je ne pus m'empêcher de me dire que les élèves américains avaient bien de la chance ; mais je songeai également que nous aussi avions eu de la chance d'avoir pu étudier dans des locaux certes modestes, mais où avaient retenti les pas de Giovanni Paisiello, le premier des illustres directeurs de ce conservatoire.

Le matin, je continuais de fréquenter le lycée Vittorio Emanuele où officiaient des enseignants pleins d'éclat (j'ai gardé notamment le souvenir d'un professeur de philosophie), mais où il arrivait aussi que certains remplaçants ne soient pas tout à fait à la hauteur de la situation.

Ainsi nous expliqua-t-on un jour que Menenius Agrippa était un « général amphibie », puisqu'il triomphait « sur terre et sur mer »; puis, devant notre rébellion, le professeur s'emporta et nous promit même de se venger en ces termes:

— Je vous ferai cuire comme des poulpes, à petit feu, dans votre jus!

En 1959, seuls quatre ou cinq élèves sur trente décrochaient leur baccalauréat: c'était un établissement très sélectif! Cette année-là, je dus délaisser le conservatoire afin d'être plus assidu au lycée. Bien sûr, j'y perdais quelque chose, mais par bonheur le maestro Vitale était le premier à souhaiter que ses propres élèves eussent une culture autre que musicale: il sut se montrer compréhensif.

Un jour je fus convoqué par le directeur, Jacopo Napoli. Pensant qu'il voulait me reprocher mes absences, je me tins raide devant lui comme un petit soldat, face au bureau et au grand portrait de Cilea. Il me fixa des yeux:

— As-tu jamais pensé à diriger?

De toutes les questions auxquelles je m'étais préparé, c'était la moins prévisible. Il ajouta:

— Je t'ai écouté jouer au concert de l'école, l'année dernière (j'avais exécuté un morceau évocateur de Saint-Saëns, le *Caprice sur des airs de ballet d'*Alceste *de Gluck*) et j'ai eu l'impression d'entendre un chef d'orchestre plutôt qu'un pianiste.

Il faisait allusion à ma *forma mentis*, chose à laquelle je n'avais jamais pensé naturellement. Napoli continua:

— Cette année, en classe de composition, aucun garçon n'est intéressé par la direction d'orchestre – un moine, un prêtre, une femme... Tu as les qualités. Tu ne veux pas essayer?

Il avait arrangé un rendez-vous avec le maestro Ugo Ajello – à qui je voue une gratitude immense –, grand homme, Napolitain authentique, premier violoncelle du San Carlo, formidable musicien et titulaire, précisément, de la chaire de direction d'orchestre. Nous devions exécuter les concertos de Bach pour deux et quatre claviers. Il y avait là un professeur de piano de grande qualité, Tina De Maria, qui avait prévu de produire ses élèves. Je saluai Ajello, ouvris la partition – heureusement, c'était Bach, et la seule clef qui me parût difficile était celle de contralto, dont on se servait pour la viole. Il m'expliqua :

— À deux temps, c'est comme ça, à quatre temps, comme ça ; la main droite donne le rythme et la main gauche, le cœur.

Ce furent ses mots. Peut-être paraîtront-ils aujourd'hui rhétoriques et très imagés ; mais, en substance, c'était juste. C'est lui qui m'apprit à assigner à mes mains deux missions différentes.

Le lendemain matin, mort de peur, je me retrouvai devant mes condisciples ; pour la toute première fois, j'entreprenais de diriger. Je me rappelle la très étrange sensation que j'éprouvai au premier battement. Je compris par la suite ce qu'avait voulu dire mon autre grand maestro, Antonino Votto, en me conseillant (tout en agitant le bras au hasard, de haut en bas) :

— Fais comme ça et quelque chose se produira.

Les premières minutes, j'étais extrêmement concentré sur ma gestique, puis le mouvement devint naturel, mon bras bougeait tout seul ; et le maestro Ajello quitta la salle pour – comme je l'appris plus tard – téléphoner au maestro Napoli et lui annoncer la naissance d'un nouveau chef d'orchestre. Il avait décelé une qualité dans ce geste encore malhabile. Je dirigeai la représentation finale dans la salle Scarlatti, une grande fête avec tous les étudiants. Le maestro Vitale était heureux que cette responsabilité échût à l'un de ses élèves.

Jacopo Napoli me confia alors un concert entier, un vrai concert, pour l'année suivante, à condition que je m'inscrive au cours de composition (ce qu'il jugeait indispensable pour tout aspirant chef d'orchestre). Il me confia aux soins du meilleur maestro, Aladino Di Martino (il venait de l'école de Camillo De Nardis et Gennaro Napoli) ; c'est Ugo Rapalo qui m'enseigna les sept clefs et la lecture de la partition : la méthode était ancienne mais infaillible, et je suis encore capable de déjouer sans encombre les plus petits pièges des cornistes qui, pour vous mettre à l'épreuve, vous demandent – eux qui ont une lecture fort disparate des partitions – la note transposée.

En 1961, j'obtins mon diplôme avec le maximum de points et les félicitations du jury à l'épreuve de piano. Je présentais les *Tableaux d'une exposition* de Moussorgski que j'exécutai, semble-t-il, de belle manière. L'orchestre des élèves était renforcé par des éléments venus de la Scarlatti et du San Carlo (dont Giuseppe Prencipe, passé ensuite au conservatoire Santa Cecilia, Giacinto Caramia, Salvatore Altobelli qui tous étaient de formidables musiciens) ; je le dirigeai dans un programme où figuraient l'ouverture *Leonore III* de Beethoven, l'*Inachevée* de Schubert, l'intermède de la *Pisanella* de Pizzetti et le *Premier Concerto* de Chopin (avec pour soliste Laura De Fusco) ; or si la symphonie de Schubert se tient, quand bien même il n'y a rien de nouveau à dire, c'est une autre paire de manches quand on passe à la *Leonore* !

Je dirigeai de mémoire : c'était mon habitude, et je n'en aurais pas changé si je n'avais pas fait la connaissance de Sviatoslav Richter. Le pianiste russe me demanda :

— Pourquoi de mémoire ? Tu n'as pas d'yeux ?

Ces mots furent le sésame qui emporta ma conviction. Je changeai de méthode : désormais, j'aurais toujours la partition sur mon pupitre. Quand on a vécu des mois avec elle, la regarder pendant l'exécution, ce n'est pas rien ! Aujourd'hui, je tourne les pages même quand je dirige *La Force du destin*, que je connais pourtant par cœur. Du reste, il serait ridicule de changer de méthode en fonction des auteurs.

Le premier déplacement eut lieu deux jours plus tard à Avellino où le public se composait principalement de nombreux élèves. Pendant le crescendo de *Leonore*, et au *fortissimo*, la salle déchaînée se mit à hurler ; et les petits des classes élémentaires, emportés par la force de la musique, lançaient leurs cartables en l'air.

Quelques mois plus tard, le maestro Vitale se rendit en Amérique pour une période d'enseignement. Comme il chroniquait les événements musicaux dans l'édition napolitaine du journal romain *Il Quotidiano*, il me demanda de le remplacer en son absence. L'exercice me plongea dans un grand embarras. J'éprouvais en effet une vive réticence à me rendre au concert non pour écouter, mais pour juger ; ce malaise était lié à ma profession d'interprète. J'écrivis néanmoins sur la *Thaïs* de Massenet dirigée par Francesco Molinari-Pradelli, avec Ettore Bastianini, et sur nombre de concerts de Franco Caracciolo. Le smoking était exigé, or j'en avais loué un trop large, qui retombait en arrière à chaque pas : je ne pouvais pratiquement pas me déplacer. Immobile, pensif, j'avais l'air totalement absorbé par ma fonction de critique musical.

3

« Que les idiots parlent chacun son tour ! »

À la fin de 1961, le maestro Napoli partit diriger le conservatoire de Milan : il me conseilla d'y déménager aussi. À Milan – me dit-il –, il y avait Antonino Votto (direction d'orchestre), Bruno Bettinelli (composition) et une activité musicale digne d'une métropole. Un nouveau conseil de famille s'imposait. Ma mère était pour, même si s'en aller aussi loin, à l'époque, rappelait à tout le monde *Totò, Peppino e la malafemmina*[1]. Dans l'imaginaire d'un garçon du Sud, Milan ne pouvait représenter autre chose qu'un séjour lointain, mystérieux et fantastique. J'étais alors inscrit en philosophie : je ne suis pas un penseur, mais je croyais que ce choix m'aiderait dans mon métier en m'apportant des compétences dans le domaine esthétique (j'avais commencé par m'inscrire à l'école de paléographie musicale, près des archives musicales de Naples, mais cette discipline était d'un abord par trop difficile).

J'arrivai le 2 novembre 1962. « *L'è el dì di mort, alegher !* », aurais-je pu dire si j'avais connu un tant soit

1. Le film de Camillo Mastrocinque (1956), dans lequel Antonio et Peppino Caponi (joués respectivement par le célèbre acteur Totò et par Peppino De Filippo) s'en vont à Milan retrouver leur neveu Gianni (Teddy Reno), lequel a suivi dans le Nord la ballerine Marisa (Dorian Gray) dont il est éperdument amoureux.

peu le dialecte du Nord[1]. Papa et maman m'avaient préparé au voyage par de terribles admonestations, assez semblables en effet à celles de Totò dans le film de Mastrocinque :

— Attention au froid, à Milan il y a la neige, tu vas attraper une pneumonie !

Ils m'achetèrent même un borsalino. Je n'en avais jamais porté de ma vie et ce couvre-chef m'évoquait la célèbre réplique de Vittorio Gassman dans *Le Fanfaron (Il Sorpasso)* de Dino Risi, sorti la même année : « Il va s'envoler, ton borsalino ! » Je songeais aussi aux vers de Petrolini :

Il importe de se souvenir
Que l'on s'en va demain matin :
Qu'il sera triste de partir
Sans même avoir son Borsalin[2].

Au chapeau ils ajoutèrent une écharpe de laine. Je débarquai seul. Dès ma descente du train, je songeai à Totò et à De Filippo coiffés de leur chapka. Je m'attendais pour de bon à rencontrer l'ours blanc, tant cet univers différait de Naples et du monde auquel je m'étais habitué ! Le conservatoire Verdi me fit une impression bizarre : petit et bas de façade, en dépit du large cloître à l'entrée, tout autre chose que San Pietro a Majella. Je m'inscrivis et fis presque aussitôt la connaissance de Bettinelli. Bientôt je suivis une classe d'orgue complémentaire (avec Achille Schinelli) et une de lecture de partition (avec Riccardo Castagnone : nous en lûmes à quatre mains une énorme quantité).

Et puis il y avait Votto : hiératique, très sévère, collaborateur de Toscanini à l'époque de la Scala. L'univers

1. « C'est le jour de ta mort, réjouis-toi ! » Ce vers en idiome lombard est tiré de *Caporetto 1917, Sonada quasi ona fantasia* (1919), du grand poète dialectal Delio Tessa.

2. E. Petrolini, « Borsalineide » in *Ti à piaciato ?!!*, Madella, Sesto San Giovanni, 1915.

familier et méridional – au sens le plus fascinant du terme : l'inspiration du Midi – de mon cher maître Ajello n'était plus. Ce monde nouveau affichait une sorte de détachement toscaninien, une froideur qui contrastait – sans vouloir verser dans le cliché – avec la « chaude » atmosphère du Vésuve. Votto me dit :

— C'est toi, Muti? Prends *Don Giovanni*, étudie l'ouverture, reviens ensuite et montre-moi ce que tu sais faire.

Ce furent ses premiers mots, et je ne pouvais faire autrement que de lui obéir. Une semaine plus tard, dans la salle Puccini, devant tous les élèves, je me lançai.

Il fallait avoir un certain métier, dans la grande ouverture de Mozart, pour « détacher » le *molto allegro* après l'*andante* de l'introduction lente ; quelques difficultés m'y attendaient. Je ne me rappelle plus si les hésitations furent miennes ou celles de l'orchestre, mais après trois essais je montrai des signes d'agacement ; et comme je tâchais de me faire comprendre des garçons en me conduisant d'une manière qui trahissait – plus que l'élève que j'étais – le chef de carrière, je sentis que quelqu'un m'attrapait la main gauche et la tenait serrée. C'était Votto, qui m'avait rejoint en grimpant les marches dans mon dos. Je voulus dire quelque chose, mais il m'interrompit : « *Parlamme nu fesso a 'a volta !* » Autrement dit, en « bon » italien :

— Que les idiots parlent chacun son tour !

Je surpris sur la figure des garçons un air de satisfaction méchante : le chef d'orchestre était la risée de tous.

— C'est ta faute, me dit Votto. Regarde.

Il m'écarta et dirigea le passage très tranquillement. Et pour une raison très simple : parce qu'il était Antonino Votto, sans doute, mais aussi parce que les garçons eurent à cœur de me montrer qui, en l'occurrence, était l'« idiot », le *fesso* ! Mon amour-propre en prit un coup. J'avais dirigé un concert à Naples dans la liesse, et voici qu'à Milan je n'arrivais même pas à détacher cet *allegro*. Je redoutais de voir se reproduire ce qui m'était arrivé au piano avec Vitale : la nécessité de tout reprendre de zéro.

Mais en l'espace de quelques jours je vis que Votto m'avait pris en estime et affection, au point qu'il me confia – comme pour marquer une préférence vis-à-vis des élèves moins doués ou moins appréciés de lui – des œuvres à diriger aux représentations de l'année suivante. Non seulement je suivis ses leçons, mais j'assistai à plusieurs de ses répétitions à la Scala. De crainte de faire des rencontres, il évitait la *via* Filodrammatici et entrait par la *via* Verdi, abrité sous son petit manteau gris. Dans la salle, le manteau était confié aux soins de l'intendant de l'orchestre et Votto montait à sa répétition. Il m'impressionna tout particulièrement dans *Falstaff* : il n'avait pas apporté la partition ! Diriger de mémoire est une chose, mais répéter en est une autre. Cette séance me laissa abasourdi ; face à de tels experts, on ne peut qu'envisager de changer de métier ! Je le pressai de questions.

— Si tu avais travaillé avec Lui, me répondit-il, tu en ferais autant.

« Lui », c'était Toscanini, bien entendu. Travailler à ses côtés signifiait des mois d'une activité si intense, si singulière, qu'au bout d'un moment diriger de mémoire devenait une opération spontanée, fruit d'une maîtrise absolue de la partition.

Je me rappelle aussi avec une émotion particulière les heures de composition et de contrepoint dans la classe de Bettinelli ; il y avait parmi nous des élèves aussi remarquables qu'Armando Gentilucci, Azio Corghi et Francesco Degrada. Francesco suivait aussi, comme moi, les cours de direction d'orchestre, mais il était meilleur historien que chef. Dans une symphonie de Cimarosa où la mesure se battait à deux temps, il s'obstinait à la battre à quatre. Votto perdait patience et criait :

— À deux temps ! À deux temps !

— Moi, je la sens comme ça ! répondait Francesco sans se démonter.

Et Votto, pour ne pas sortir de ses gonds :

— Fais donc comme bon te semble, tête de mule !

Je nouai surtout une grande amitié avec Corghi. Nous faisions d'interminables concours de contrepoint : j'ai conservé les cahiers que nous remplissions d'exercices de canons, *rectus*, *inversus*, en augmentation et en diminution, comme de vrais néo-Flamands[1] ! On m'a dit que Corghi allait parfois répétant à la ronde : « Riccardo était meilleur que moi ! » Je mets cela sur le compte de l'amitié, ou de la pitié, car si j'étais bon, lui était un véritable champion. Ma suprématie n'avait pas le moindre fondement. En 1963, salle Verdi, je dirigeai l'orchestre et les chœurs de l'Institut dans le *Magnificat* de Vivaldi et le *Stabat Mater* d'Alessandro Scarlatti, en l'honneur du nouveau pape Paul VI, encore archevêque de Milan peu auparavant.

Un jour, pendant les répétitions avec les instrumentistes dans la salle Puccini, la porte s'ouvrit avec un fracas infernal. Entra une fille qui se mit à sauter et à bondir car elle croyait trouver là les choristes en répétition. J'étais un élève, moi aussi, mais sur l'estrade j'étais revêtu du costume de l'« autorité » ou, pour mieux dire – et nous le dirons ainsi –, je faisais preuve d'une autorité magistrale. D'un geste impérieux, je fis signe à la perturbatrice de sortir. Cette demoiselle que j'envoyai promener n'était autre que Cristina Mazzavillani, qui suivait alors le cours de chant de Maria Carbone et devait devenir ma femme le 1er juin 1969. Quand elle voulut se renseigner pour savoir qui était ce garçon qui l'avait expulsée, on lui répondit : « C'est le Maure. » Car au conservatoire, à cause de ma tignasse très noire et très fournie, peut-être aussi avec

1. C'est en Flandre, au XIVe siècle, que fut développé l'art du contrepoint.

une nuance de racisme, c'est ainsi qu'on me surnommait. Nous fîmes connaissance peu après. Elle avait appris qui était ce « Maure » et on l'avait rassurée : rien à voir avec Othello ! On lui avait toutefois précisé que j'étais toujours d'humeur sombre et que je portais un chapeau…

C'était vrai au moment de mon départ pour le Nord, mais j'avais brusquement cessé de porter le borsalino après avoir rencontré mon vieil ami Domenico D'Aquino, qui travaillait aux Téléphones pour joindre les deux bouts, tout en étudiant la guitare classique au conservatoire. Nous nous étions connus à Naples. Ce matin-là, nous nous croisâmes dans l'entrée :

— Hé, Ricca ! Qu'est-ce qui te prend? On dirait Bariëllo ! me dit-il en napolitain.

Je ne pus faire moins que lui demander qui était ce Bariëllo. Et lui, ravi :

— Tu sais, l'idiot avec son chapeau.

Dès lors, j'ôtai mon couvre-chef pour ne plus jamais le remettre, même par - 40 °C. Tel fut l'épilogue peu glorieux des discours de maman sur le borsalino – le froid, la pneumonie et l'ours blanc de la gare centrale !

Domenico était un type incroyable. Pensez : il parvint même, une fois, à faire sourire Votto ! Nous étions à la conciergerie. Le maître, en arrivant, lança au gardien de sa voix sévère : « Un taxi !… », avant d'ajouter après une longue pause : « S'il vous plaît. » C'est là qu'intervint D'Aquino :

— Maestro, j'ai une voiture là-dehors. Permettez que je vous raccompagne.

Mais Votto, avec une pause à peine plus courte :

— Je n'emprunte… que les transports payants.

À quoi mon ami répliqua aussi sec :

— Pourquoi, vous pensiez que j'allais vous raccompagner gratis?

Rire de Votto. Pour la seule et unique fois !

Un petit quelque chose de napolitain avait pris racine dans le sévère conservatoire lombard – ou *lumbard*, pour le dire en dialecte. Car c'était vraiment un autre univers. Malgré les différences, j'y ai acquis une certaine austérité, semblable par certains aspects à celle du Sud. Ce qui me manquait, c'était l'*humour*[1] de mon adolescence. Pour moi qui venais des Pouilles – ou pour l'Apulo-Campanien que j'étais, plus précisément –, cela revenait à respirer la silencieuse discipline de type austro-hongrois.

Je continuai de pendre part aux représentations et aux concerts du Centre culturel San Fedele où Lorenzo Arruga faisait fonction de directeur artistique. Je me rappelle y avoir dirigé une fois le *Second Concerto* en *fa* mineur de Chopin, avec Maria Luisa Caprara au piano. On donnait aussi des œuvres contemporaines, dont certaines compositions signées d'étudiants comme Umberto Rotondi. J'assistais également aux répétitions à la Scala et à la RAI, la radio du service public. Je me rappelle notamment Lovro von Matačić dirigeant les symphonies de Beethoven et les répétitions de Sergiu Celibidache. J'écrivis moi-même, en vue d'une représentation, un morceau pour piano que j'exécutai dans la salle Puccini ; il était très difficile, composé dans ce style moderne et complexe en vogue dans la classe de Bettinelli. Je l'ai regardé dernièrement et j'y ai vu un témoignage du temps qui passe : aujourd'hui, je ne serais même plus capable de jouer trois mesures d'un morceau pareil !

La dernière année, ils voulurent mettre en scène un opéra au Teatro dell'Arte. L'orchestre se composait d'élèves et de renforts puisés surtout parmi les enseignants – je pense notamment à Paolo Borciani, le célèbre premier violon du Quartetto Italiano, ou encore à Luigi Ferro. *L'Osteria di Marechiaro* de Paisiello, révisée par Jacopo Napoli, fut le premier opéra que j'aie dirigé de ma vie. Les interprètes furent choisis parmi les élèves

1. En français dans le texte.

de Maria Carbone (Cristina tenant le rôle de Lesbina). Il y eut même une brève tournée. L'année suivante, on donna non plus un mais deux opéras : *Rita* de Donizetti et *Il Rosario* de Jacopo Napoli (Cristina en était la protagoniste) qui remporta un grand succès à Lugano, au siège de la radio.

J'obtins mon diplôme haut la main en 1966 et, pour subvenir à mes besoins, acceptai la charge de pianiste accompagnateur dans la classe de Maria Carbone.

À Milan, trouver un logement n'avait pas été facile. Au début, j'avais mes quartiers dans une pension *piazza* Cinque Giornate, puis j'entendis parler d'un prêtre qui connaissait quelqu'un dont l'appartement était à louer. Traînant une grosse valise, je me rendis à pied jusqu'au Castello, puis du côté de la Fiera. Je frappai. L'appartement était loué depuis la veille. Je refis tout le chemin en sens inverse, à pied toujours, pour retourner dans ma pension. Après les vacances de Noël, le concierge du conservatoire, un Calabrais invalide qui m'avait un peu en affection, m'envoya 2 *via* Tadino, chez une petite vieille originaire de Vicenza qui fumait deux mille cigarettes par jour. Elle m'ouvrit une minuscule chambre à deux lits en disant :

— Il y a un ténor qui dort ici. Ce soir il est sorti chanter. Il s'appelle Mamprin.

Pour la première fois de ma vie, je me couchai sans savoir qui allait partager ma nuit. Au réveil, à un mètre de moi, je découvris un malabar. Nous nous présentâmes et sympathisâmes. Hélas, Mamprin passait ses journées à faire des vocalises et j'en étais réduit, pour ne pas m'embrouiller l'esprit, à sortir écrire mes contrepoints sur un banc, au jardin de Porta Venezia, emmitouflé comme dans ce film que j'évoquais tout à l'heure. Je restai un an dans cette chambre où l'excellent ténor se servait de l'huile que papa m'envoyait des Pouilles comme d'une panacée.

Par la suite, je trouvai *via* Pindemonte une chambre pour moi seul, dans un appartement où vivaient deux petites vieilles, l'une chanteuse et l'autre harpiste. Étant jeunes, elles avaient tourné avec leur troupe en Amérique du Sud ; elles incarnaient à mes yeux un monde si ancien qu'il en était presque verdien. Je restai chez elles jusqu'à mon diplôme. Je fréquentais avec Cristina et nos amis un restaurant du *viale* Premuda, une petite auberge mise depuis au goût du jour, mais où l'on déjeunait alors pour quatre cents lires. Devenu pianiste accompagnateur chez la Carbone – déjà célèbre comme chanteuse, surtout vériste, mais aussi grand professeur qui m'apprit énormément, tant sur la voix que sur la technique du chant –, je pris une chambre (avec douche !) en face du conservatoire, que je meublai grâce à mon prix au concours Cantelli en 1967. Lorsque je me retrouvai dans cette petite pièce avec mon piano, j'eus le soudain sentiment que tous mes désirs étaient comblés. L'année suivante, j'obtenais la chaire de piano complémentaire : installé pour ainsi dire « au-dessus de ma boutique », je crus avoir atteint le sommet.

Pour participer au concours Cantelli – opportunité de taille ouverte aux jeunes chefs d'orchestre encore peu ou pas connus –, une sérieuse préparation était indiquée. Beethoven, Brahms et Stravinsky étaient au programme : un répertoire dont je n'avais quasiment pas l'expérience, or les possibilités étaient nulles de l'acquérir en Italie. Par bonheur, quelqu'un veillait sur moi : la baronne Dorothy Lanni della Quara, présidente de la Gioventù Musicale d'Italia (« Jeunesse musicale d'Italie »), qui habitait un palais splendide *via* del Gesù. Elle venait à mes représentations et j'avais attiré son attention. En vue de me préparer au concours, elle m'envoya en septembre 1966 diriger à Prague un orchestre symphonique militaire ; alors qu'en Italie, dans les casernes, on pouvait au mieux trouver une fanfare, là-bas l'effectif était complet. Seul dans ce lointain pays, de l'autre côté du « rideau de fer », j'étais logé dans un hôtel minuscule ; pour me donner du courage et conjurer le mal du pays, je me promenais le soir du côté de l'ambassade d'Italie toute proche.

Je travaillai avec des musiciens militaires à une série de concerts donnés en Italie du Nord par la Gioventù Musicale à Thiene, Carpi, etc. Le programme prévoyait la *Symphonie « Nouveau Monde »* de Dvořák, la *Cinquième* de Tchaïkovski, l'ouverture *Leonore III* de Beethoven, le chœur des prisonniers de *Fidelio* et la *Rhapsodie pour contralto* de Brahms. Ce ne fut pas une mince tâche – car j'abordais ces œuvres pour la première fois –, mais elle me fournit l'occasion de résoudre toute une série de problèmes (ne serait-ce que le répertoire gestique de base) dans un environnement et avec un programme que des raisons historiques et géographiques rendaient très familiers aux musiciens que j'avais devant moi. Leur présence m'était précieuse et irremplaçable. Je me gardai de perdre de vue la règle d'or d'Antonino Votto : le geste abstrait et les exercices devant la glace ne servent à rien ; les bras sont le prolongement du cerveau et – une fois en possession des mouvements de base – leur mouvement doit être entièrement spontané, à la façon d'un pur prolongement de l'esprit. Je n'ai pas varié sur ce point, ma manière est naturelle. Jamais je ne me suis dit : « Et maintenant, je fais quoi? » Pas même le jour où je me suis retrouvé à diriger l'Orchestre de Philadelphie dans *Le Sacre du printemps.* Naturellement, la technique se fonde sur des règles scientifiques connues de tous les chefs, qui les ont lues dans le manuel de Hermann Scherchen ; mais, en ce qui me concerne, je n'ai jamais fait d'études scientifiques.

L'étape la plus importante fut le Teatro Donizetti de Bergame. Pour moi qui n'avais pas trente ans, c'était comme me produire au Carnegie Hall ou à la Philharmonie de Berlin ! Tout cela me permit, comme on dit, de me faire la main en vue des épreuves du concours Cantelli. Dans le jury, je reconnus Votto, Ferrara, Efrem Kurtz, Segnini, Napoli et quelqu'un d'autre. J'en sortis vainqueur. Deux jours plus tard, le 1er octobre 1967, au théâtre Coccia de Novara, je dirigeai l'orchestre de la Scala dans la *Septième* de Beethoven et l'ouverture des *Vêpres siciliennes* de Verdi. Toute ma famille avait fait le déplacement pour l'occasion. Avant le début du concert, ma mère donna sévèrement l'ordre de ne pas m'applaudir : issue d'une famille très rigide, elle jugeait qu'ovationner un parent eût été une faiblesse impardonnable ; mais mon père, avec son tempérament vif et cordial de ténor, n'avait manifestement aucune envie de se retenir.

Grâce au concours, je reçus deux invitations, une de Catane, en Sicile, l'autre de Gênes. L'univers médiatique n'était pas ce qu'il est devenu : il était plus difficile d'y évoluer et l'on peinait davantage à se faire un nom. Le projet génois ne put aboutir car l'organisatrice voulait décider elle-même du programme, ce que j'acceptais mal. Ce n'était pas arrogance de ma part, mais rigueur professionnelle : j'étais très jeune et, encore dépourvu de répertoire, je préférais me risquer à jouer des œuvres que je maîtrisais.

À Catane, en revanche, le concert eut lieu. J'y dirigeai une des deux symphonies en *mi* bémol de Bellini, un morceau de Renato Parodi – compositeur napolitain fort raffiné, doublé d'un excellent instrumentiste –, ainsi que la *« Nouveau Monde »*. Arrivé de Milan par avion, je me rendis devant le théâtre où m'envahit un parfum intense : c'était celui des fleurs d'oranger de la campagne alentour, ce pays de Mignon, « terre où les citrons fleurissent » dont parle Goethe : parfum si puissant qu'il faisait l'effet d'une drogue. À l'entrée des artistes, le concierge m'accueillit et me mit de côté la bière qu'il venait de commander. J'ai bien souvent songé, depuis, à la richesse de notre monde – je veux parler du monde italien, c'est-à-dire « méridional » –, si merveilleux en dépit de défauts bien connus. J'ai voyagé aux quatre coins du globe, jamais je n'ai rencontré un tel concierge ; la plupart jouent leur rôle de la pire façon, quand ils ne se montrent pas plus intraitables que le directeur du théâtre lui-même.

Les journées passées à répéter furent merveilleuses. L'orchestre était chaleureux, passionné, même si ce n'était pas le Chicago Symphony Orchestra, bien sûr. Je me souviens encore qu'à la fin de la symphonie de Dvořák, lorsque culmine le thème en *mi* dièse avec un tremolo des cordes[1], je perçus un mouvement sur ma droite : c'était Paladino, le premier violoncelle, qui s'était levé pour réclamer de l'orchestre plus d'enthousiasme et d'engagement ! Ce fut comme diriger à quatre mains. C'était dans notre caractère ! Ce ne serait plus possible aujourd'hui que règnent l'« égalité » et les bonnes manières. À la fin de la générale, il me restait quelques doutes sur certains passages dont je n'étais pas très satisfait. Paladino, encore lui, s'approcha et me rassura :

— Maestro, ne vous en faites pas : le soir du concert, nous serons la Philharmonique de Berlin !

Durant les derniers mois de 1967, je me rendis également à Montreux, en Suisse, ainsi qu'aux Après-midi musicaux de Milan, auxquels s'intéressait alors Remigio Paone, le futur directeur du théâtre de Florence.

1. Mesures 333 et suivantes du dernier mouvement.

4

L'interprète ?

C'est lui, Remigio Paone, qui m'appela à Florence en mars 1968 pour un concert dont le soliste ne serait autre que Sviatoslav Richter, un géant à côté du parfait inconnu que j'étais alors. Raison pour laquelle j'éprouvai le besoin de demander à Richter, en quelque sorte, son feu vert. Il me fit dire de le rejoindre à Sienne où il préparait un récital pour l'Accademia Musicale Chigiana. Je compris qu'il voulait me mettre à l'épreuve, se faire une idée du genre de musicien que j'étais ; sachant qu'il allait me demander de jouer, je me mis à étudier à fond, avec acharnement, les réductions pour piano de la partie orchestrale qui devait l'accompagner. Il s'agissait du concerto pour piano en *si* bémol K. 450 de Mozart et de celui en *ré* majeur de Britten, une œuvre en cinq mouvements d'une très grande puissance. Je partis pour Sienne et gagnai l'Accademia. Je trouvai le grand homme en train de m'attendre dans un vaste salon occupé par deux pianos ; il me fit comprendre d'un signe qu'il souhaitait que nous jouions ensemble. À moi, bien sûr, la partie orchestrale. Après Mozart, nous passâmes à Britten, toujours avec la même répartition des rôles. À la fin, il se leva et me dit en russe, aussitôt traduit par l'interprète :

— Si vous dirigez comme vous jouez, vous êtes un bon musicien. J'accepte de donner ce concert avec vous.

C'est ainsi que je me retrouvai à Florence devant l'Orchestra del Maggio, une formation de grand renom qui cependant traversait un épisode de remue-ménage frisant le chaos : les musiciens s'invectivaient, la grève était imminente. Ils mirent un moment à s'apercevoir que j'étais au pupitre, attendant qu'ils eussent fini de se houspiller !

Nous commençâmes par les interludes marins du *Peter Grimes* de Britten. Le programme prévoyait ensuite la *Symphonie en* do *majeur* K. 338 de Mozart et les concertos de Mozart et de Britten, comme prévu. À chaque interruption, des disputes éclataient entre les membres de l'orchestre. Je finis par leur faire comprendre que je réprouvais tout ce désordre et les débats se calmèrent. De ce jour, on se mit à me regarder comme un possible « chef stable », apparemment ce dont les musiciens avaient le plus besoin. L'intérêt que j'avais éveillé crût encore à la deuxième répétition. Malheureusement, le travail fut interrompu le troisième jour à cause de la grève, et le concert fut annulé. Mais Paone, impresario très habile, tint à le maintenir dans le calendrier du Maggio.

Cette grève jouait en ma faveur : j'intéressais l'orchestre et – pensais-je – j'y serais accueilli en mai non comme un musicien de plus, mais comme un chef qui avait laissé une impression positive, dont on allait bien voir si elle se confirmait. J'avais deviné juste. Les répétitions se déroulèrent dans une atmosphère très différente, calme et participative. Le concert fut si enthousiasmant que le critique Leonardo Pinzauti put écrire : « Un chef d'orchestre très jeune, surprenant, a véritablement ouvert le cœur à l'espérance[1]. »

1. L'article de Pinzauti, « Richter e Muti : successo a sorpresa » (« Richter et Muti : un succès plein de surprises ») parut dans *La Nazione* du 20 juin 1968, première des multiples recensions que le critique florentin devait consacrer au maestro. Elles ont été réunies dans un volume intitulé *Riccardo Muti al Teatro Comunale di Firenze 1968-1982*, ETS, Pise, 2009.

Je fus engagé par Paone en octobre de la même année. Après les *Appunti per un Credo* de Ghedini, je donnai le *Concerto pour clarinette* K. 622 de Mozart (le soliste étant Deltamo Cornetti, première clarinette de l'orchestre) et, en deuxième partie, *Aus Italien* de Richard Strauss. Comme je l'ai dit, les répétitions se déroulaient dans un climat enthousiaste et fiévreux, au point que Pietro Farulli, alors membre du conseil d'administration, se fendit d'une visite surprise : il voulait vérifier si le bien que l'on disait de moi était justifié.

Après le concert de Florence, Pinzauti écrivit de cet enthousiasme qu'il était apparu « plus que justifié, au point de nourrir de bons espoirs, y compris sur cette question déjà ancienne du "chef stable"[1]. » La direction du théâtre m'offrit la possibilité de devenir ce chef-là et je pris mes fonctions début 1969. C'est l'orchestre qui tira le meilleur profit de mon engagement, car cette chance extraordinaire m'angoissait beaucoup. Une institution aussi prestigieuse ne pouvait pas laisser sans fortes appréhensions le jeune chef que j'étais. Il y avait Paone, Alberti et le merveilleux secrétaire général Mariani ; sans oublier Roman Vlad, à qui il incombait de réaliser un Maggio « expressionniste » et qui mena le festival à bonnes fins avec grand succès. C'était l'époque où Zubin Mehta commençait à diriger à Florence en qualité de chef invité (il donna une fascinante *Aïda* interprétée par Shirley Verrett, la « Callas noire »). Beaucoup de personnages étaient à la manœuvre sans que les rôles fussent bien définis, symptôme de la période formidablement innovante que traversait alors le théâtre.

Je devins donc le fameux « chef stable », autrement dit le chef titulaire du théâtre, qui s'en occupait au jour le jour et tournait très peu à l'étranger. Tels étaient alors

1. *La Nazione*, 29 octobre 1968. L'article de Pinzauti, intitulé « Vivo successo del direttore napoletano et del clarinetista Deltamo Cornetti », est reproduit dans l'ouvrage déjà cité.

les titres et les fonctions. La figure du « directeur musical » n'existait pas encore ; elle dérive d'ailleurs du *music director*, son équivalent anglo-saxon qui, aux États-Unis notamment, se situe au sommet de la pyramide dans des organigrammes que n'encadre aucun appareil bureaucratique parallèle, ce qui n'est pas le cas chez nous.

Dès ma nomination, je me rendis au magasin de musique Ceccherini – qui était encore *via* Tornabuoni où se trouvait le siège de la maison – et j'y achetai *mon* piano, un quart-de-queue Schimmel qui a depuis accompagné toute ma carrière et sur lequel je prépare toujours mes exécutions. Je n'aurai jamais le cœur de le trahir pour, que sais-je, un grand piano à queue Steinway, par exemple : c'est que je le considère littéralement comme une « personne » en compagnie de laquelle poursuivre des heures durant le merveilleux dialogue dont parle Schubert dans son pudique et sublime *An mein Klavier*. Je le fis livrer dans la maison où je vivais avec Cristina, au numéro 8 de la *via* Rucellai, près de l'église épiscopale américaine San Giacomo.

Nous nous étions mariés le 1er juin de cette même année 1969 à Ravenne, dans la vieille église de Sant'Agata. J'avais pour témoin le maestro Votto. Sviatoslav Richter s'improvisa photographe et prit quelques-uns des plus beaux clichés de cette journée. Quant à Nino Rota, il arriva en taxi avec une malle en cuir sur laquelle il avait fait graver au fer mes initiales – vide, car j'étais supposé la remplir de ma vie. Nous passâmes la soirée au Circolo degli amici avec un groupe d'amis, précisément, qui vénéraient l'art lyrique et la bonne cuisine ; étaient présents, entre autres, le pianiste Dino Ciani, Maria Carbone et Jacopo Napoli. Après le dîner, un duel musical confronta Rota et Richter : chacun son tour, ils jouaient au piano des fragments de plus en plus courts du répertoire, que l'autre devait deviner. Nous fûmes tous assez émerveillés par cette joute qui s'acheva par des titres toujours plus

« rares », au cours de laquelle Richter fit preuve d'une compétence – celle de l'italianissime Rota ne pouvant être discutée – inattendue pour nombre d'entre nous (jeune, il avait été pianiste accompagnateur dans un théâtre d'opéra).

Le Maggio Musicale Fiorentino avait été fondé par Vittorio Gui et inauguré par un concert symphonique l'après-midi du 30 avril 1933. Cette figure extraordinaire que fut Vittorio Gui mériterait davantage de considération, quand on songe à ses efforts en faveur de la musique. Pensons à la générosité avec laquelle il s'est investi pour faire jouer les œuvres de Rossini et le grand répertoire symphonique, à commencer par les symphonies de Brahms. Les idées qui ont présidé à la naissance du Maggio étaient assez en avance, et pas seulement pour l'époque. Le festival débuta par un congrès international ouvert ce même 30 avril, auquel participèrent non seulement tous les Italiens mais des historiens du calibre de Paul Bekker ou Edward Dent, preuve que la manifestation n'avait rien de provincial[1]. Furent montés *Les Puritains* de Bellini dans une mise en scène de De Chirico, *La Vestale* de Spontini dans un décor de Felice Casorati, *Lucrèce Borgia* de Donizetti dans le décor de Mario Sironi : l'esprit en était avant-gardiste, pour peu qu'on se rappelle que l'art lyrique se réduisait alors en Italie à une pure et simple entreprise de survie.

Quarante ans après, la présence de Gui fut tout aussi cruciale pour moi. Aujourd'hui, personne ne se souvient plus de lui, hormis quelques amateurs passionnés, et l'on oublie – pour ne citer qu'un exemple – qu'il a longtemps marqué de sa présence le festival de Glyndebourne. Il nous a donné un Rossini subtil

1. Voir les *Atti del primo congresso di musica (Firenze, 30 aprile-4 maggio 1933)*, Le Monnier, Florence, 1935.

et raffiné, à une époque où certains se servaient du répertoire comique pour lui faire subir des contorsions et produire des gags vulgaires, tendance que l'on s'empressait malheureusement d'imiter en Allemagne : il suffit de songer au traitement infligé au très fin *Don Pasquale*, transformé en une œuvre hideuse et mal fichue, au point que le public, au lieu de sourire au comique délicat et recherché du livret et de la musique, s'abandonne aux stratagèmes grossiers déployés par des chanteurs et des metteurs en scène désireux de tout déformer. Quand je le rencontrais à Fiesole, dans sa maison pleine de témoignages musicaux (il avait connu, entre autres, Richard Strauss), il me parlait immédiatement des grandes figures de l'histoire musicale, et d'une façon si vivante que j'avais presque la conviction de les connaître personnellement. Cela dit, dans le privé, il faisait preuve d'un esprit critique très vif à l'égard des personnes et des épisodes de la vie musicale italienne, et prenait quelquefois ses distances avec les opinions officielles défendues dans les livres.

Grâce à lui, j'ai rencontré Luigi Dallapiccola. Lors d'un déjeuner avec Vlad éclata un débat animé, pour ne pas dire un affrontement entre ce dernier et le grand compositeur qui s'autorisait à porter des jugements très sévères sur d'importants artistes du XXe siècle ; entre autres, il mettait dans le même sac Brahms, Chostakovitch et Tchaïkovski, affirmant bien entendu que c'était là de la bien mauvaise herbe. Quand il fut question de Brahms, Gui, à bout de patience, me fit signe d'approcher et se mit à me parler à voix basse. Il était pleinement dans son rôle puisqu'il aimait à se définir – ayant une haute opinion de lui-même, mais sans arrogance et tout en demeurant sympathique – comme l'« apôtre de Brahms » ; en 1922 déjà, donc bien longtemps avant, dans un article intitulé « Brahms, primo dei moderni » (« Brahms, le premier des modernes »), il s'en était pris à ceux qui croyaient « pouvoir se dispenser de reconnaître la grande importance de sa musique[1] ».

Gui a beaucoup compté pour moi dans la mesure où il me guidait aussi vers un univers musical aux antipodes de celui de Votto, pour ainsi dire la seule source à laquelle je m'étais abreuvé jusque-là : une direction d'orchestre efficace, la musique pour la musique, peu d'histoires, ni enjolivements ni salamalecs, la volonté d'aller droit au cœur de l'œuvre, l'économie des gestes, le nécessaire et rien que le nécessaire. Votto, dans ses cours, nous répétait souvent : « Ne cassez pas les pieds à l'orchestre ! » Le profane jugera peut-être cette remarque ridicule, ou hors de propos, puisqu'elle remettait en question l'utilité même du chef d'orchestre ; Votto voulait seulement insister sur ceci : une fois l'orchestre lancé dans un mouvement rythmique ordonné (chose qui exige bien sûr entraînement et direction), le chef ne doit ni perturber cette progression naturelle, ni faire au pupitre des gestes inconsidérés, ni tomber dans le rôle de bouffon ; en somme, il n'est pas là pour déranger ce que la nature même du mouvement a établi. De toute évidence, ce point de vue reproduisait *intégralement* celui d'Arturo Toscanini.

Eh bien ! chez Gui, c'était l'inverse : cette efficacité se transfigurait en images où prévalait la *culture*. Il appelait cela les « étapes d'une pensée qui soutient toujours de près l'activité de l'interprète » et en arrivait à nous poser une question des plus rhétoriques : « Qu'est-ce que l'interprète, sinon un critique qui frappe aux portes de la création[2] ? » Il approchait l'orchestre comme un être

1. Vittorio Gui, *Battute d'aspetto, Meditazioni di un musicista militante*, Monsalvato, Firenze, 1944. Une première version de l'article en question avait paru en 1914 dans le *Corriere d'Italia*. N'oublions pas que l'autre grande et célèbre apologie de Brahms, l'article « Brahms le progressiste » d'Arnold Schönberg, date de 1933, parallèle qui est tout à l'honneur du maestro italien.
2 *Ibid.*

de culture ; pour lui, l'importance du geste était secondaire (c'est d'ailleurs un fait que personne ne se souvient de lui comme d'un grand technicien). Mais, dans le milieu de la musique symphonique, il joua un rôle irremplaçable : n'oublions jamais que l'Italie devait alors (et doit peut-être encore) fournir un effort considérable pour renouer avec une sensibilité chambriste et symphonique que la mode du théâtre lyrique avait émoussée et éloignée de la conscience du grand public. Le phénomène vient de loin : des musiciens comme Giuseppe Martucci et Giovanni Sgambati, voire Ottorino Respighi, ont connu une vie misérable et sont demeurés dans l'ombre, pour s'être obstinés, non sans noblesse, à vouloir ramener l'Italie dans le courant européen dont nous étions bel et bien sortis en nous identifiant corps et âme à l'opéra, croix et joie de notre culture musicale. Gui, au contraire, avait pris l'habitude de jouer Brahms, Beethoven et même Bach, Haendel, Cherubini ou Spontini à la manière d'alors, c'est-à-dire sans grands scrupules philologiques. C'est sans remords, par exemple, qu'il pratiqua des coupes dans *La Vestale*. Cela ne l'empêchait pas d'approfondir les œuvres de façon extraordinaire, et ce jusqu'à l'*Agnès de Hohenstaufen* de Gaspare Spontini. Quand Gui reprit cet opéra en 1974, j'étais convaincu qu'il s'agissait d'un repêchage miraculeux. En réalité, il l'avait déjà donné à Florence en 1954. Inutile de dire qu'il s'agissait d'une version extrêmement réduite de la partition originale. Le deuxième acte, m'expliqua-t-il, devait être considéré comme un chef-d'œuvre de la première à la dernière note, comptant parmi les plus belles pages de tout le XIXe siècle musical.

C'est auprès de Vittorio Gui que je commençai à réfléchir à la direction d'orchestre non plus seulement sous l'angle de la rigueur et de la précision, mais aussi d'un point de vue hautement culturel. Pareille intuition m'avait déjà visité lorsque je m'étais inscrit en philosophie, mais c'est grâce à Gui que je m'en rendis pleinement compte.

À Florence, naturellement, m'incomberait de diriger des concerts et des opéras. Avant la saison du Maggio, j'avais déjà donné *Les Puritains* de Bellini à la RAI, à Rome, où m'avait appelé Francesco Siciliani, figure prééminente de mon mûrissement artistique. J'avais attiré son attention à Milan, lorsque j'étais encore au conservatoire et qu'il assurait la direction artistique de la Scala. Mon premier opéra « florentin » fut *Les Brigands* de Verdi, à l'hiver 1969, avec une distribution déjà arrêtée et une reprise de l'intéressante mise en scène d'Erwin Piscator, très moderne pour l'époque. C'était aussi mon premier Verdi « sur scène ». Je n'eus pas grand mal à maîtriser le grand plateau et l'acoustique imparfaite de la salle. J'avais immédiatement senti que je pouvais compter sur un public fantastique, l'un des plus extraordinaires qu'il m'ait été donné de rencontrer au cours de ma carrière aux quatre coins du monde. Il m'a suivi pendant douze ans, était proche de moi et croyait en moi. Je n'oublierai jamais l'accueil qu'il réserva aux *Puritains*, dès le 1er décembre 1970[1].

Ce public devait accepter toutes les nouvelles propositions, tel ce *Guillaume Tell* de Rossini donné dans sa version intégrale, mis en scène par Mario Sequi et scénographié par Pier Luigi Pizzi. Je m'y consacrai corps et âme, à commencer par le choix du personnage d'Arnold. Je fis appel à Nicolai Gedda : il n'était plus tout jeune, mais il voulut bien relever cet énorme défi, quand bien même n'étaient programmées que deux représentations, de 20 heures à 2 heures du matin. Au moment de l'apothéose finale, figure d'une authentique résurrection (thème que la RAI a adopté pour annoncer la fin de ses programmes télévisés), le public ne pouvait s'empêcher d'exprimer sa stupeur. Lors de la répétition

1. Leonardo Pinzauti chroniqua cette représentation dans *La Nazione* du 2 décembre 1970, non sans une pointe de courroux bien wagnero-toscaninien (« Entusiasmo di altri tempi per *I puritani* al Comunale », in *Riccardo Muti, op. cit.*).

générale, l'ultime et merveilleux *do* majeur, le théâtre illuminé de blancheur soulevèrent des cris ; au premier pupitre, le violoncelliste Balducci brandit son instrument et s'exclama : « *Viva Rossini ! Viva l'Italia !* » Il n'avait pu contenir sa joie, en tant que musicien, de participer à cet univers. Jamais je ne pourrai l'oublier. Les représentations suivantes déclenchèrent le même enthousiasme. Le public florentin, si intelligent, ne se soucia pas d'analyser si la voix (celle de Bruno Sebastian à partir de la troisième) était exactement et stylistiquement adaptée au rôle. Pour la reprise de l'œuvre, en 1976, je choisis Bonisolli. Des experts lyriques trouvèrent à y redire. Mais je voulais alors attirer l'attention générale sur ce chef-d'œuvre. J'étais moi-même tout à fait en mesure de comprendre qu'une voix pouvait être plus ou moins « rossinienne », et il est possible que Bonisolli ait chargé son interprétation d'un poids vocal que Rossini n'avait peut-être pas en tête. En même temps, comment l'affirmer avec certitude ? S'il l'avait entendue, qui sait s'il ne l'aurait pas aimée ? Je suis confronté au même type de problème insoluble quand je dirige Bach du piano ou quand il s'agit de fixer le nombre « correct » d'exécutants. Dans une de ses lettres à son père, Mozart écrit qu'il était ravi d'avoir trouvé une formation composée de douze contrebasses et huit bassons. Et, dans les mois qui suivirent immédiatement la première, la *Création* de Haydn était donnée à Vienne avec mille exécutants. On a tort, de nos jours, d'identifier le style classique à une réduction drastique de l'effectif : c'est exagéré. Ce renoncement est trop simple[1]. Quoi qu'il en soit, il m'importait

1. Qui veut exécuter la musique dite ancienne dans un esprit « philologique » ne doit pas se croire obligé à un nombre restreint d'exécutants ; il est certain qu'au temps de Mozart et de Bach les orchestres étaient moins importants qu'aujourd'hui, mais des indices nous permettent de penser que ces auteurs savaient apprécier les rares occasions qui leur étaient offertes d'en augmenter l'effectif.

de ne pas obliger les chanteurs à baisser la tonalité et de ne procéder à aucune coupe. Je partageais sur ce point l'opinion de Fedele D'Amico : restitué dans son intégralité, le *Tell* a pour résultat de « nous faire paraître cet opéra plus court qu'à l'ordinaire[1] ».

La première année, nous avons joué le jeu de la décentralisation en transportant à Volterra, à Fucecchio et dans d'autres villes de la région la *Septième* de Beethoven et les *Quatre Pièces sacrées* de Verdi. À Volterra, pour les *Pièces sacrées*, il y avait près de deux cents musiciens sur scène et, dans la salle, trente-sept spectateurs ! Ailleurs, à l'entrée d'un cinéma, notre affiche côtoyait celle du péplum *Maciste dans la vallée des lions*. Ce n'était pas un travail de débutants : partout nous portions la musique avec la même totale implication, fût-ce devant cinq personnes. Je gagnais le pupitre avec le même enthousiasme qu'au Teatro Comunale de Florence. Fort utile se révélait alors la maxime que j'avais lue dans la célèbre préface de Gluck et que je me répétais intérieurement : « *Tolle siparium, sufficit mihi unus Plato pro cuncto populo*[2]. » Pour dire la chose simplement, j'ai

1. Fedele D'Amico, « La bandiera rossa ha ingannato i critici », in *Tutte les cronache musicali*, I, Bulzoni, Roma, 2000.

2. « Qu'on ouvre le ridcau : je préfère à la foule un spectateur unique, s'il est Platon. » Cette phrase conclut le texte fameux qui sert de préambule au *Pâris et Hélène* de Gluck (1770) : « Je n'espère pas un succès plus grand pour mon *Pâris* que pour *Alceste*, et quant à l'intention de produire chez les compositeurs de musique le changement désiré, au contraire j'y vois des obstacles toujours plus grands, mais ce n'est pas pour cela que je cesserai de faire de nouvelles tentatives à bonnes fins, et si j'obtiens le suffrage de Votre Altesse, je serai content de pouvoir répéter : "*Tolle siparium*, etc." » Gluck, quoi qu'il en soit, eut rarement cette malchance. Pour la citer en exemple, Francesco Albergati – peut-être en réponse à une lettre dans laquelle Baretti lui reprochait de rencontrer trop facilement le succès du public – introduisit ce même texte en 1797 dans l'édition complète de son propre théâtre (E. Masi, *La vita, i tempi, gli amici di Francesco Albergati commediografo del secolo XVIII*, Zanichelli, Bologne, 1878).

l'impression que l'on sentait poindre alors la possibilité d'un « monde meilleur »; nous étions à la croisée des chemins, bientôt se fermeraient les routes ouvertes par une Italie qui voulait gagner à la culture y compris les régions périphériques du pays. Pour l'heure, le moral de l'orchestre était encore au beau fixe, comme à l'orée, si j'ose dire, d'un nouveau paradis.

Pour la Sagra Musicale Umbra, Francesco Siciliani nous suggéra un programme (*Deborah* de Haendel, le *Magnificat* de Bach, le *Gloria* de Vivaldi, le *Requiem* en *ré* mineur de Cherubini, l'oratorio *Paulus* de Mendelssohn) que nous reprîmes par la suite à Florence. Pendant ce temps, mon répertoire s'élargissait ; je dirigeai par exemple *Le Chant de la terre*, mon premier Mahler après les *Lieder eines fahrenden Gesellen* présentés à Bologne avec Maureen Forrester, cantatrice dont chacun se rappelait la collaboration avec Bruno Walter: au jeune chef que j'étais, elle apportait son extraordinaire témoignage historique.

Je fis également *Ivan le Terrible* et *Alexandre Nevski* de Prokofiev – dans un esprit opératique – et *L'Africaine* de Meyerbeer. L'idée en revenait au directeur artistique d'alors, Roman Vlad, dont j'ai dit l'influence prépondérante qu'il eut sur moi, car je percevais dans sa personnalité l'alliance d'un intellectuel cultivé, d'un magnifique musicien et d'un profond musicologue. J'avais lu son livre sur Stravinsky[1] et la curiosité intellectuelle qui était sa marque de fabrique me paraissait vraiment exemplaire. Quand il me parla de Meyerbeer, c'est à peine si je connaissais le nom de ce musicien pourtant fort célèbre, qui avait joui d'une notoriété considérable dans la France de la première moitié du XIXe siècle. Vlad fit des pieds et des mains pour me convaincre. Un soir de pluie et de vent que je travaillais dans ma petite maison rose du 8 *via* Rucellai, j'entendis tinter le carillon de l'entrée: c'était lui, vêtu d'un montgomery en poil de

1. R. Vlad, *Stravinsky*, Einaudi, Turin, 1958.

chameau. Il monta à la salle de piano, ouvrit la partition et se mit à jouer ses passages préférés de *L'Africaine*, dont le merveilleux début du troisième acte, où l'aube se lève sur la mer paisible. J'étais pour ainsi dire resté bouche close, mais quand enfin il se leva, après une demi-heure de tempête sonore, j'étais convaincu : c'était un tel chef-d'œuvre que je me devais de le diriger. Je me mis à l'étudier. Et *L'Africaine* fut monté en avril 1971 dans une mise en scène de Franco Enriquez, que j'avais voulu garder à mes côtés après la *Dirindina* de Scarlatti.

C'étaient les débuts de Veriano Luchetti et Jessye Norman. Quand celle-ci entra en scène, le public eut l'air surpris ; puis il y eut une indication de récitatif et, à peine eut-elle ouvert la bouche pour attaquer son air de sortie : « *Figlio del sol, mio dolce amor* » (« Fils du soleil, mon tendre amour »), la réaction du public fut unanime d'admiration et de saisissement. Elle avait, si je puis dire, une voix chocolatée d'une beauté intense, chaude, veloutée, comme je n'en ai plus entendu depuis. Malheureusement, la vieille traduction italienne était affreuse et ne rendait pas justice au finale magnifique : « *su bianca nuvoletta/un cigno là mi aspetta/sul carro di cristal* » (« dans le léger nuage blanc/un cygne m'attend/sur un chariot de cristal »). Il existe un disque de cet enregistrement, que l'on peut encore trouver.

Le silence fin et cultivé du public, qui aimait son théâtre, en était fier, mais l'exprimait sans hystérie ni excentricité, céda au plaisir de l'*agnizione*[1] lorsque Veriano Luchetti entama le célèbre « *O paradiso dall'onde uscito* » (« Ô paradis né de l'onde »), seul air de cet opéra encore en circulation car cher au cœur de tous les ténors du monde ; on lui doit sans doute une bonne partie des enfants inscrits à l'état civil sous le prénom de Vasco et, lorsque je vivais en Toscane, il m'est arrivé

1. Ou *anagnorisis* : instant critique d'un drame où l'un des personnages fait une découverte qui le désigne comme héros. (*NdT*)

plus d'une fois de lire la nécrologie de quelque Nélusko de quatre-vingts ans, preuve certaine de la fortune de l'œuvre de Meyerbeer[1].

Après la saison 1968-1969, la situation devint inflammable, du fait d'un certain verrouillage culturel, parfois marqué au sceau de l'obscurantisme. Ainsi, lorsque Vlad et moi choisîmes *Cavalleria rusticana* de Mascagni et *Paillasse* de Leoncavallo pour la saison d'hiver 1970-71, une réunion extraordinaire du conseil municipal fut convoquée (dont certains membres appartenaient au conseil d'administration du Teatro Comunale) et fit un scandale. Nous voulions programmer, prétendaient-ils, des œuvres négatives et d'un niveau artistique médiocre. Polémiques, articles de presse… Ce furent des journées difficiles. Et ces opéras importants, représentatifs du vérisme, joués aux quatre coins du monde et que le public porte dans son cœur, rencontrèrent de très lourds obstacles de nature ouvertement partisane. Toujours est-il que nous avons réussi à les monter, dans la mise en scène de Mauro Bolognini. Le Canio du Leoncavallo fut interprété par le grand – sinon jeune – Richard Tucker. On aurait dit qu'il avait rapporté avec lui de New York la discipline du dernier Toscanini américain. Toujours très assidu aux répétitions, il s'y présentait en cravate et veste croisée, coiffé d'un chapeau noir qu'il retirait à l'instant de franchir le seuil du théâtre. Pensez : quelques années plus tard, lors d'un *Bal masqué* de Verdi, il se leva de son siège pour me remercier de l'avoir autorisé à allonger une note !

Tucker commença par me demander :

— Maestro, *la commedia è finita*, est-ce moi qui le dis ?

1. Nélusko et Vasco (de Gama) sont les protagonistes de cette *Africaine* où Meyerbeer mit en musique l'aspiration à la gloire et à l'immortalité. (*NdT*)

— Oui, répondis-je, même s'il n'avait pas voulu me faire entendre cette réplique lors des répétitions au piano.

Et quoi de plus naturel, pensais-je. Au moment de déclamer cette phrase, les ténors recherchent un cataclysme, ils s'accrochent au rideau et le ferment en criant : « *La commedia... è finiiitaaaa!* » Bolognini était d'ailleurs de mon avis : il fallait laisser à Tucker certaines tirades relevant du patrimoine, trésors historiques d'un « théâtre » qui n'existait déjà plus, aussi vrai qu'on a parfois plaisir à jouir des vestiges d'une tradition éteinte. Je ne savais pas, à cette époque, que dans la partition originale de Leoncavallo la réplique est écrite pour baryton, ce qui est parfaitement logique : le Prologue est un personnage purement métaphysique qui apparaît avant l'*Incominciate*, donc avant l'opéra proprement dit ; à la toute fin, ce non-personnage paraît de nouveau, comme au début, et récite froidement sa tirade (« *La commedia* », etc.), sans expression aucune. Bien entendu, il se trouva un jour quelqu'un – Caruso ou un autre, je ne sais – pour protester : « Comment ? Je chante tout l'opéra sauf la conclusion ? À quelle race de ténor croyez-vous que j'appartienne ? »

Voilà comment est née la tradition qui réserve le finale au ténor. Il n'empêche que c'est une grande erreur, aussi grande que l'aigu de l'*Incominciate*. Ce personnage métaphysique est à l'opposé du show vocal exécuté par le chanteur coincé au bord de la scène entre le rideau et le public. Cette phrase, au contraire, doit être prononcée – c'est le mot juste – de façon antispectaculaire. On sait que ce genre de « correction » contrarie souvent les habitudes d'une partie du public. Il est très heureux, par fidélité à certaines traditions vocales, de souhaiter satisfaire l'attente des spectateurs ; mais il est absurde de punir ceux qui préfèrent respecter les intentions de l'auteur. Il n'est pas bon que, par souci de l'effet, celui-ci finisse par prendre le pas sur la lettre.

Je le répète : dans *Paillasse*, c'est le baryton qui doit, à la fin, se présenter pour dire cette phrase sur un ton cynique, *pianissimo* et – comme le précise la partition – *senza rigore*, de sorte que s'établisse le lien avec le prologue et l'*Incominciate*, qui n'est pas un *sol* naturel mais un *ré*: c'est ainsi que l'a conçu Leoncavallo, en homme cultivé et en fin lettré qu'il était.

La *Cavalleria* fut chantée par Gianfranco Cecchele et Elena Souliotis. L'attente était considérable et le théâtre empli de Livournais venus rendre hommage à leur « concitoyen », le compositeur Pietro Mascagni. Le prélude fut encore plus merveilleux ce soir-là, du fait de la qualité du théâtre : puissante mélancolie méditerranéenne de ces hommes recrus de fatigue, de travail, de pauvreté, de misère, et cependant enveloppés de douceur. Mais c'est alors que pénétra sur scène, d'un pas lourd, un homme en imperméable qui se planta devant le souffleur – j'avais déjà tout arrêté – et s'écria :

— Florentins, pendant qu'ici vous vous amusez, à Careggi on meurt d'euthanasie !

De la foule jaillit une avalanche de vociférations et de hurlements :

— Dégage !

L'atmosphère était celle du Circus Maximus, lorsque César tournait son pouce vers le bas. Je m'étais éloigné de mon pupitre. Le ténor Cecchele, qui achevait sa sicilienne, ne comprit rien à ce qui arrivait : il quitta la scène convaincu que les lazzis lui étaient destinés, demandant aux chefs assistants s'il avait vraiment chanté aussi mal ! Je voulus « clore » l'incident en reprenant tout depuis le début ; Cecchele commença par s'y opposer, puis il y consentit et l'opéra fut entièrement rejoué depuis la première note.

Mon père était dans la salle, venu exprès de Molfetta pour m'entendre diriger une musique qu'il adorait. Mais alors qu'il avait pris place sur le plateau avec Cristina, sa consternation se traduisit par un soliloque repris en boucle :

— Ce n'est pas ça, mon fils, ce n'est pas ça du tout !

J'évoque d'autant plus volontiers sa réaction qu'elle me paraît symptomatique de ce que j'essayais alors de faire en abordant des partitions de ce genre. Puisqu'on les avait authentiquement massacrées des années durant à force d'effets hideux et d'overdoses de vérisme presque toujours inutiles, je cherchais à leur rendre leur vraie noblesse d'origine (oui, d'origine : écrire du Karajan de la Scala qu'il a réussi à « ennoblir » Mascagni, c'est se tromper lourdement, car cette pudeur de style est naturelle à de nombreux passages de la *Cavalleria* ; il suffit pour s'en convaincre de lire le *Mascagni* de Bastianelli[1]).

À la fin de la représentation, mon père se contenta de me dire avec une gentillesse et une affection bien paternelles :

— Mon fils, ce n'est pas l'opéra que je croyais connaître.

Je lui rendis peut-être justice en gravant l'œuvre sur disque : je me rappelai alors l'opéra que mon père « connaissait », non sans ajouter toutefois une pointe de vivacité. Mais à Florence, le dirigeant pour la première fois, j'avais voulu leur donner une forme aristocratique.

En 1973, après le départ de Vlad, j'appris que son successeur serait choisi sur des critères politiques, selon la méthode alors courante dite de la « répartition ». Pour ma part, le procédé me paraissait terriblement regrettable. Il est des lieux où la vision culturelle doit l'emporter sur l'appartenance ; comme musicien, je jugeais déplacé d'aller pêcher un directeur artistique dans le camp opposé à celui du directeur, dans le seul but de maintenir l'équilibre politique entre les plateaux de la

1. Giannotto Bastianelli, *Pietro Mascagni*, Naples, 1910.

balance. Je n'avais pas voix au chapitre – le chef titulaire ne prenait pas part à ce genre de décisions –, mais il me semblait impossible de me taire et de ne pas condamner pareille procédure ; je fis donc savoir que je démissionnerais si telle était vraiment la démarche suivie. Naturellement, la nomination intervint et je dus me contenter de dénoncer « la règle en vigueur ». Quant à l'heureux élu, je ne discuterai pas ses compétences et ne mentionnerai pas son nom.

Cet épisode donna lieu à un incident. L'orchestre interrompit une répétition qu'il effectuait avec un autre chef et se mit en grève pour me soutenir, avec l'appui du chœur, du corps de ballet et d'une partie des techniciens. Le théâtre connut une longue période de crise émaillée de manifestations, dont certaines à l'extérieur même du bâtiment ; des dissensions internes éclatèrent entre les différents camps. Mais ces événements eurent aussi leurs traits d'humour et d'esprit ; il m'a été rapporté que, quelqu'un ayant lancé avec une certaine fougue : « C'est Muti qui l'a dit ! », il lui fut répondu par une citation :

— *Muti passaron quella notte i fanti, tacere bisognava et andare avanti*[1] !

La personne concernée n'entra jamais en fonction. Puis les désaccords furent surmontés et c'est Polifroni qui fut nommé commissaire : un homme à l'esprit très ouvert, qui nous offrit de pouvoir monter un des plus beaux festivals de la période. Nous choisîmes *Agnès de Hohenstaufen* de Spontini, un opéra que j'avais déjà dirigé à Rome, pour la RAI, en 1970, à l'invitation de Siciliani. L'astuce de celui-ci avait été d'adopter Vlad pour *L'Africaine*. Un soir que nous dînions chez lui, il avait ouvert la partition sur le piano en me demandant d'en

1. « Les fantassins passèrent cette nuit en silence, car il fallait se taire et aller de l'avant. » Il s'agit de deux vers extraits du célèbre chant patriotique *Il Piave*. La plaisanterie porte naturellement sur le terme « *muti* », qui veut dire en italien « muet, silencieux ». (*NdT*)

jouer les meilleurs morceaux – en commençant, et ce n'était pas un hasard, par la scène des cavaliers français du sublime acte II, avec cet interminable ostinato d'orchestre qui devait inspirer à Fedele D'Amico des lignes remarquables dans la recension qu'il en fit[1]. De ce ton péremptoire et cependant affable dont il avait le secret, Siciliani décréta :

— Cher Muti, c'est un opéra pour toi : tu dois le diriger !

Il avait raison, et j'espère bien un jour, avant de quitter ce monde, avoir l'occasion de diriger *Agnès* en allemand, ainsi qu'on me l'a demandé à Vienne et à Berlin.

Cette fois, nous eûmes une distribution étincelante : Montserrat Caballé, Antonietta Stella, Giangiacomo Guelfi, Sesto Bruscantini, Bruno Prevedi. Montserrat fut divine, mais lors de notre première rencontre elle me demanda :

— Maestro, qu'est-ce que c'est que ça, *Agnès*? Un opéra ?

Il y avait une fanfare dans le passage devenu célèbre depuis : pourquoi ne la fait-on pas jouer tous les jours, au conservatoire, pour les élèves des classes de composition ? Après la soirée, D'Amico, toujours lui, apparut dans ma loge et se jeta littéralement sur la partition, comme s'il voulait en percer les secrets de ses propres yeux. Il vaut en effet la peine de se demander pourquoi l'instrumentation d'*Agnès* est toujours aussi efficace – voire chez Spontini en général –, alors que la partie instrumentale y est tout le temps massive, à l'image de ce que les Allemands appellent « *volle Satz* » (« écriture pleine ») ; c'est si vrai que Siciliani, sans cesser de tirer sur sa cigarette, me glissa à l'oreille en ce jour historique :

— Savez-vous, Muti, que Gui dirigeait cet opéra avec la partition ?

1. Fedele D'Amico, « Spontini gioca con l'algebra » (« Spontini : son jeu avec l'algèbre »), in *Tutte le cronache*, volume réunissant les chroniques musicales signées par D'Amico dans *L'Espresso*.

Lorsque je revis le vieux maestro à Florence, je ne pus faire autrement que de l'interroger sur ce point.

— Que voulez-vous, me répondit-il, ils sont si nombreux à jouer en même temps, on dirait qu'ils font la même chose !

C'était l'époque où Polifroni était commissaire du festival. Cela pourra sembler étrange – et qu'on ne me fasse pas dire qu'il est souhaitable de confier les théâtres à des commissaires ! –, mais s'il en était ainsi, c'est que Polifroni savait faire preuve d'une honnête prévoyance, lors même qu'il avait endossé cet uniforme de commissaire parfois bien impopulaire. Mais seul compte l'état d'esprit.

Agnès me fut l'occasion d'une autre rencontre importante, celle du scénographe et costumier Corrado Cagli. Enriquez m'avait montré les volcans couleur de feu qui habitaient l'imagination de Cagli, homme taciturne, peu commode, mais personnage fascinant. Ils m'avaient tout de suite attiré. Pour ce qui est des protagonistes, la distribution comprenait Leyla Gencer et Veriano Luchetti ; une fois de plus, et bien qu'elle ne fût plus toute jeune, Leyla se révéla une grande Agnès.

En 1974, pour le *Macbeth* qui serait monté l'année suivante, je fis de nouveau appel à Leyla Gencer, grande chanteuse et grande amie, car elle avait l'opéra de Verdi à son répertoire. Je fis venir à ses côtés Mario Petri, choix que d'aucuns jugèrent bizarre car ce chanteur, depuis quelques années, se consacrait au cinéma et à la musique commerciale. Or, contrairement aux prophéties des « puristes », ce fut un *Macbeth* superbe d'intelligence et de puissance scénique. Certes, la voix de Petri n'était plus ce qu'elle avait été quinze ans plus tôt (elle manqua de l'ampleur et de la vigueur exigées par l'air du dernier acte, « *Pietà, rispetto, amore* »), mais c'est paradoxalement ce qui lui permit d'honorer les intentions dramatiques de l'œuvre et de trouver les couleurs (par exemple, dans les chuchotements du pianissimo) voulues par Verdi, comme j'eus le bonheur de le lire sous la plume de D'Amico, dans son commentaire émaillé de longs éloges sur le profil du baryton[1]. Verdi lui-même avait écarté une soprano parce qu'elle avait une trop belle voix : il cherchait quelque chose de différent du *bel canto*, avec une inclination expressionniste. C'est ce qui ressort nettement d'un grand entretien dans lequel Marianna Barbieri-Nini, la soprano qui créa le rôle, assignait à la voix mille « expressions » différentes.

Par exemple, pendant la lecture de la lettre, au premier acte, le son vaporeux de l'orchestre doit-il être autre chose qu'une brume ? Cela dit, toujours à propos de cette scène, mes échanges avec Gencer se résumèrent, hélas ! à un dialogue de sourds qui dura ce que durèrent les répétitions au piano. Je lui demandais de me faire entendre sa « lecture », elle me répondait que ces choses-là se font sur scène et nulle part ailleurs. En somme, avec toute la douceur dont une femme est capable, elle refusait de me faire écouter son « *Nel dì della vittoria io l'incontrai, stupito io n'era per le udite cose*[2] ». Il ne me restait qu'à battre retraite en bon ordre, en lui recommandant de rester en mesure :

— Si tu récites ces lignes, lui dis-je, c'est seulement pour que le public comprenne. En réalité, selon toute vraisemblance, il s'agit d'une lecture muette, comme lorsqu'on lit quelque chose pour soi-même. Tu ne parles que pour l'information du public. Il suffit que l'on t'entende.

En pratique, c'est à peine si l'on doit percevoir un murmure sur le tapis impalpable de l'orchestre. Je répétai ma

1. « Grâce à la dialectique obsédante générée par le phrasé intime de la voix, à la présence imposante de la figure visible, nous tenons un *Macbeth* plus étouffé que violent, à la dignité saccagée par la faute et néanmoins reconnaissable, avant son oppression finale par une tristesse pitoyable. » (F. D'Amico, « Macbeth a bassa voce » [« Macbeth à voix basse »], in *Tutte le chronache*, *op. cit.*)

2. Acte I, scène 2, Lady Macbeth : « Je le rencontrai le jour de la victoire et restai stupéfaite de ce que j'entendis… »

jolie explication, jusqu'au jour fatidique de la première grande répétition. Cette fois, nous étions « sur scène ». Leyla Gencer pouvait et devait enfin se décider à lire cette lettre. Ce qu'elle fit. Imaginez un mégaphone, un « masque » de la commedia dell'arte, ou encore un pêcheur braillant sur la plage dans son cornet en fer-blanc : « *NEL DÌ DELLA VITTORIA IO L'INCONTRAI...* », et ainsi de suite jusqu'à un « *ADDIO* » dont je n'ai jamais oublié la puissance déclamatoire ! Comme il arrive en pareil cas, après ce déploiement vocal, son attaque du *cantato* (« *Ambiziozo spirto tu sei Macbetto...* », « Esprit ambitieux que le tien, Macbeth... ») sembla fort pâle en comparaison – lui qui, précisément, réclamait de la voix – et parut inspiré par le plus délicat des anticlimax. Je comprenais enfin pourquoi elle n'avait jamais voulu me donner sa « lecture » à entendre ! Nous essayâmes de nous mettre d'accord et un compromis fut trouvé.

En 1976, l'*Orphée et Eurydice* de Gluck, mis en scène par Ronconi et scénographié par Pizzi, marqua pour moi un véritable tournant. Jusque-là, j'avais reçu nombre d'éloges pour mon prétendu tempérament « méridional », inné et sanguin à l'instart de Verdi, mais ce sont là des formules, stupides comme toutes les formules : on estime inéluctable qu'un garçon du Sud ait le Vésuve dans les veines. Il y avait en tout cas une certaine attente, nourrie également par la présence d'un metteur en scène alors considéré comme moderne, voire carrément d'avant-garde ; nous eûmes un très grand succès, et sa mise en scène de cet opéra compte aujourd'hui encore, selon moi, parmi les plus belles que Ronconi ait réalisées. Quelqu'un a trouvé étrange de nous trouver « aussi souvent associés » ; pour ma part, je reste convaincu que notre longue collaboration s'est presque toujours révélée des plus heureuses[1].

1. E. D'Amico, « Quel regista è un infedele » (« Ce metteur en scène est un infidèle »), in *Tutte les chronache*, *op. cit.*

En revanche, l'année 1977, la mise en scène de Ronconi pour le *Nabucco* de Verdi créa quelques remous dans le public. Cet opéra fort populaire fut monté dans un esprit très moderne, avec une chronologie qui se référait en partie à l'époque de sa composition, donc à l'atmosphère du Risorgimento. Vers la fin, le roi entonnait « *Cadran, cadranno i perfidi*... » (« Ils tomberont, ils tomberont les traîtres... ») brandissant son épée, dans un costume inspiré de l'iconographie classique du Savoyard Victor-Emmanuel II. On s'en étonna. J'entends encore le cri qui jaillit spontanément du public, un quart d'heure plus tard, quand nous nous présentâmes à la rampe pour y être applaudis :

— Ronconi dans l'Arno !

Il est vrai que le fait de superposer Nabucco et la maison de Savoie ne facilitait pas la lecture de l'intrigue. Dans l'opéra de Verdi, comme dans tout mélodrame, les bons et les méchants sont séparés comme les chèvres et les agneaux au jour du Jugement dernier ; ici, le *vilain*[1] passait subitement *inter oves* et l'ennemi se voyait enrôlé dans le camp des élus, non sans une grande ambiguïté. Cependant, prise dans son ensemble, cette mise en scène était géniale. Le plateau, au-dessus de l'orchestre, accueillait le chœur en costumes du XIXe siècle, représentant le public contemporain du spectacle. Ainsi se trouvait résolue une des questions les plus anciennes de la mise en scène lyrique et dramatique : où faut-il placer le chœur et que doit-on lui faire faire ? La scène était occupée successivement par de gigantesques peintures de style Hayez, instants de stupeur immobile qui portaient à sa perfection le concept même de *tableau*[2], indissociable de l'art dramatique en général (l'italien du XIXe siècle parlait précisément de *quadro*, au sens pictural de « tableau »). L'apogée était atteint avec le « *Va',*

1. En français dans le texte. (*NdT*)
2. En français dans le texte. (*NdT*)

pensiero », cœur émotionnel de l'œuvre ; on découvrait alors, en plus d'une peinture immense, un champ de blé où les moissonneurs, figés dans le geste d'étreindre les gerbes, étaient éclairés de l'arrière en silhouettes, telles de véritables statues, formant un autre tableau. Fantastique ! Jamais je n'ai vu meilleure réalisation scénique de ce chœur célèbre. De même, le personnage d'Abigaïlle sortant subitement d'un autre tableau. Je ne partageais pas les doutes du public et considérais cette collaboration comme exemplaire d'une relation qui doit pousser maestro et *metteur en scène*[1] à s'unir pour rechercher le maximum d'expression.

Mon premier Mozart florentin fut *Les Noces de Figaro* en 1979. Alberti me suggéra pour la mise en scène un nom charismatique chez les historiens du théâtre : Antoine Vittez. Et je puis dire que je suis fier d'avoir été le premier à le faire venir en Italie pour travailler à une œuvre lyrique. Helen Donath était une merveilleuse Susanna et ces *Noces* furent un chef-d'œuvre. Celui qui vous le dit a eu la chance, quelques années après, de les monter de nouveau à la Scala dans la mise en scène de Strehler. Je suis reconnaissant à Alberti de cette initiative : la mise en scène du Français n'eut rien à envier à celle de la Scala, et je crois que ce fut vraiment un cadeau pour l'Italie. Là encore, une partie du public était surtout curieuse de voir comment le chef « verdien » allait se tirer d'un opéra de Mozart…

À Florence toujours, je dirigeai en 1980 mon premier *Othello* dans une mise en scène de Miklós Jancsó, avec une scénographie d'Enrico Job. La présence du grand réalisateur hongrois fit quelque bruit. À la fin du premier acte, par exemple, il avait imaginé le petit duo d'amour ainsi : entre les arcades latérales qui traversaient le milieu de la scène, on entrevoyait une très

1. En français dans le texte. (*NdT*)

belle femme de couleur, nue, portant une petite lampe. Les journaux s'en firent l'écho avec une emphase exagérée, avant même la première, et ce qui en définitive était un détail faillit détourner l'attention du reste du spectacle : Jancsó fut obligé de renoncer à cette scène. On voyait également Othello investir le lit de l'épouse avec la proue de son bateau. Là encore, il s'agissait d'un détail très appuyé. Cet *Othello* marqua aussi les débuts de Renato Bruson dans le rôle de Iago ; il « construisit » son personnage avec moi au cours de quatre longues semaines de répétitions au piano.

À la fin de ma période florentine, en 1981, je dirigeai *Iphigénie en Tauride* de Gluck. La mise en scène était de Sandro Sequi, la scénographie de Giacomo Manzù. Le résultat fut vraiment superbe et j'en conçus pour Manzù un immense respect. Dès notre rencontre autour d'un verre à l'Excelsior, je compris immédiatement qu'il ne ferait aucune concession aux conventions. Il me demanda de lui brosser l'intrigue. Tandis que je parlais en lui donnant des indications sur les solutions musicales parfois choisies par Gluck, il prit une feuille et esquissa un dessin d'une main faussement distraite. C'était le cœur de l'immense médaillon en or qui occuperait bientôt le fond de la scène. Mon récit l'avait persuadé : il ébauchait déjà sa scénographie. Ce médaillon anticipait de plusieurs années une tendance que je devais observer souvent par la suite chez les metteurs en scène modernes, qui consiste à créer d'emblée le lien avec le public à l'aide d'un objet-symbole bien visible, afin de signaler clairement l'idée qu'ils se font de l'œuvre et de signifier rapidement leurs intentions. Manzù, en l'occurrence, était une sorte de précurseur. De telles expériences sont rares : elles sont le fait du génie. Le mur était rose et sur le plateau se dressait une chaise, encore une marque de fabrique de Manzù, quasi une signature. Je tombai tellement amoureux de son travail que bien des années plus tard, dirigeant à Naples le *Macbeth* de Verdi, je lui demandai de me rejoindre à nouveau et d'en être le scénographe.

En 1982, il me fallut mettre un terme à ma période florentine car j'étais également chef au Philharmonia Orchestra de Londres et à Philadelphie.

Il me faut, pour évoquer ma période londonienne, remonter à 1972. Cette année-là, je fus invité par le Philharmonia à donner un concert. Encore débutant, je dirigeais un orchestre anglais pour la première fois. Le Philharmonia avait été fondé en 1945 par Walter Legge, célèbre manager de l'industrie discographique, qui avait réuni des virtuoses d'exception sous la baguette de maestros tels que Karajan et Klemperer, lequel l'avait recomposé après le départ de Karajan. La formation prit alors le nom de New Philharmonia, et c'est elle que je me trouvai devoir diriger.

La vie des musiciens du rang était bien moins confortable outre-Manche qu'en Italie. Les formations y étaient fort nombreuses, or il n'y avait pour ainsi dire qu'une salle, le Royal Festival Hall, de sorte que les musiciens étaient obligés de répéter dans une école, une église ou dans d'autres lieux encore, changeant souvent d'endroit dans la même journée au prix de lourdes difficultés. Il arrivait que trois répétitions se déroulent dans trois lieux différents. Cela s'expliquait également par le fait que la règle, là-bas, était celle du « *no play, no pay* » : tant que tu ne joues pas, ne compte pas te faire payer. Le manager s'efforçait par conséquent d'assurer à son orchestre la plus grande quantité de travail possible. Une formation qui cessait de jouer perdait de l'argent, comme un avion cloué au sol.

Une vie pénible, donc, et une patience admirable ; cependant le niveau qualitatif demeurait très élevé. C'est seulement quelques années plus tard qu'un vieux bâtiment, le Henry Wood Hall, fut transformé en salle de répétition. La situation s'améliora. Les enregistrements se faisaient en général aux studios d'Abbey Road, rendus célébrissimes par les Beatles : c'était la salle d'Adrian Boult, de Thomas Beecham, d'Edward Elgar.

Je dirigeai au Royal Festival Hall le *Second Concerto* de Brahms et, en seconde partie, les *Tableaux d'une exposition* de Moussorgski. Au terme des répétitions, les musiciens me demandèrent si j'accepterais de rester en contact permanent avec eux en tant que *principal conductor*. À trente et un ans, mes relations avec les orchestres étrangers étaient irrégulières ; mes rapports avec le Philharmonique de Vienne, par exemple, s'étaient limités au *Don Pasquale* de Donizetti donné à Salzbourg en 1971. Je ne connaissais encore ni l'Amérique ni le Berliner. C'est pourquoi la demande me laissa désorienté et un peu surpris : elle émanait de musiciens qui avaient pratiqué Karajan et Klemperer. En outre, je parlais un anglais scolaire et Londres était une grande capitale musicale. Je pris le temps de la réflexion.

Ce qui acheva de me convaincre, en fin de compte, fut de voir se répéter ce qui s'était passé à Florence : une proposition directement formulée par des musiciens. Ainsi acceptai-je de faire avec eux un bout de chemin qui devait se prolonger dix années durant, de 1972 à 1982. Mes rapports avec l'orchestre furent magnifiques, au point qu'ils me nommèrent finalement directeur émérite. Nous eûmes notre lot de sacrifices et de déceptions, mais aussi de beauté et de joies. Je fis des rencontres importantes, parmi lesquelles j'aime à me rappeler celle de lord Arnold Weinstock (*former managing director*, autrement dit patron de la General Electric Company), fou de musique et grand ami de la reine.

Au cours des années 1970, l'orchestre retrouva ainsi son ancien niveau technique et recommença à attirer le public. Il se lança aussi dans un copieux programme d'enregistrements (la plus grande part des références EMI de ma discographie), et finit par être considéré comme la meilleure phalange anglaise. Nous multipliions les tournées. Puis il voulut reprendre son ancien nom, celui avec lequel Toscanini avait enregistré les quatre symphonies de Brahms : le « Philharmonia » tout court, sans « New ». Pour ma part, au titre de *principal director* vint s'ajouter celui de *music director.*

Un soir que je devais diriger un concert en l'honneur du prince Charles, violoncelliste amateur et parrain de l'orchestre pendant des années, j'étais parti largement à l'heure mais en oubliant mon frac. De nos jours, nombre d'entre nous ne le portons plus, mais comment s'en dispenser quand on joue devant Son Altesse royale? Lord Weinstock, ami de Charles, lui fit passer un message demandant de retarder son entrée, afin de me laisser le temps d'envoyer quelqu'un chercher mon frac à la maison.

Je me souviens d'Irina Archipova dans l'*Alexander Nevski* de Prokofiev : grande cantatrice, figure de premier plan en Union soviétique, elle rappelait par certains côtés ce que l'on désignait alors sous le terme de *nomenklatura.* Un mouvement international avait vu le jour pour soutenir le dissident Natan Sharansky. Lorsque arriva l'air de la mezzo-soprano, Irina se leva pour chanter, mais un homme bondit du public et sauta sur scène en implorant :

— Liberté pour Sharansky !

Je stoppai net. La police fit irruption. On recommença. C'est alors qu'un autre homme, à son tour, monta sur scène en criant ! Par trois fois nous dûmes recommencer et fûmes interrompus. Irina était dans tous ses états, puis tout rentra dans l'ordre. J'ai gardé le souvenir d'un incident désagréable. J'avais le sentiment d'une violence exercée contre la musique, même si je peux comprendre l'exaspération de ceux qui n'ont que le cri pour s'exprimer. Mais c'est au nom de la liberté qu'on interrompait la musique, symbole de liberté.

Le cours d'une longue carrière n'est pas toujours un fleuve tranquille. En 1973, je devais diriger *Le Trouvère* à l'Opéra de Paris, sous l'administration de Rolf Liebermann, tandis qu'à Versailles le tandem Solti-Strehler montait *Les Noces de Figaro* de Mozart. Autant dire que la saison s'annonçait excellente. Et pourtant tout alla de travers, par la faute du metteur en scène. Non le mythique Luchino Visconti, engagé d'abord par Liebermann et tombé gravement malade entre-temps, mais un individu dont on m'avait flanqué sans me consulter. Il imagina une installation entièrement nouvelle, déplaisante à mon goût, et voulut mixer *Le Trouvère* et *Il Trovatore*, autrement dit les deux versions de l'œuvre, la française et l'italienne. Je jugeais cette idée vraiment inacceptable, pour ne rien dire d'une conception bizarre en vertu de laquelle un metteur en scène me rabaissait au rang de simple pourvoyeur de bande-son pour les besoins de *son* spectacle. Cette situation est devenue si fréquente aujourd'hui que les directeurs cèdent au renoncement ; ils devraient au contraire fixer dès le départ les règles fondamentales de la mise en scène opératique. En fait, la régie musicale est désormais indépendante de la régie théâtrale. Comme si cela ne suffisait pas, ce monsieur réclamait un finale tiré de la version française, avec un livret retraduit en italien, histoire de préserver quelque homogénéité ! Mes oreilles ne l'auraient pas supporté. Je m'y opposai et montai voir Liebermann dans son bureau. Au sein du milieu théâtral européen, il jouissait non seulement d'un charisme légitime, mais aussi d'un pouvoir sans contestation. Je lui fis part de ma perplexité. Coiffé de sa blanche crinière, il trônait derrière un bureau quasi napoléonien.

— Vous êtes trop jeune, Muti, pour vous permettre de laisser tomber l'opéra ! me répondit-il.

Je tournai les talons, quittai la pièce et courus prendre le premier train pour l'Italie.

La relation entre le chef d'orchestre et le metteur en scène est inévitablement chose délicate. Il m'est arrivé de devoir faire face à de vraies situations de blocage. Un cas plutôt connu est celui du festival de Salzbourg en 1992, le premier organisé sous la gestion de Gérard Mortier. Je devais diriger *La Clémence de Titus* dans la mise en scène du couple Karl-Ernst et Ursel Herrmann. Si j'approuvais entièrement l'installation scénique, la direction de la mise en scène proprement dite ne se souciait pas des notes, ce qui créait un conflit entre l'action et la musique ; à un moment, la chanteuse qui jouait Sesto était contrainte d'interpréter son air au fond de la scène, tandis qu'une autre (Vitellia), placée devant elle, exécutait une pantomime sans rapport avec ce que chantait la première. Résultat, celle-ci se retrouvait isolée de l'orchestre, du chef et du public.

Ce que révèlent de tels choix de mise en scène, c'est une profonde méfiance envers la musique, à croire que son effet, son importance seraient nuls sans action sur le plateau. C'est en train de devenir un lieu commun : pendant son interprétation, le chanteur est environné d'une agitation scénique relevant du mimodrame plus que du mélodrame. Tout se passe comme si le spectacle reposait sur la défiance la plus radicale envers la capacité des simples notes à toucher le public. Cette idée me semble particulièrement déplacée dans une œuvre telle que la *Clémence* où l'aria, loin d'appauvrir l'action, condense et sublime celle qui précède, jusqu'à devenir hyperdramatique après avoir paru antidramatique – ainsi que l'ont montré, depuis des dizaines d'années, les historiens de la musique parmi les plus éclairés. C'est une immense sottise que d'identifier le « drame » à l'action brute. Ceux qui le font tombent naïvement dans le piège de l'étymologie (*drama*, en grec, traduit l'idée de faire, d'agir, d'accomplir une chose). Mais les Herrmann n'avaient qu'un seul impératif : surtout, ne jamais cesser de faire quelque chose. Comme nous ne pouvions trouver aucun terrain d'entente, je dus rendre mon tablier.

Ma décision fut critiquée. Je reste toutefois persuadé d'avoir réagi comme je le devais. Je ne suis pas assez déraisonnable pour me croire tenu de partager toutes les vues du metteur en scène quand je suis au pupitre. Il m'est même arrivé de ne pas pleinement approuver le point de vue d'un metteur en scène que j'avais pourtant choisi. Par exemple Graham Vick, que j'aimais et que je fis inviter à Salzbourg en 2001 pour une *Flûte enchantée* qui, à l'épreuve des faits, ne m'a pas du tout convaincu. En 2006, les responsables du festival eux-mêmes ont écarté cette mise en scène et fait venir Pierre Audi, remportant ainsi un beau succès avec un spectacle dépourvu de toute provocation, agressivité ou insolence, hélas caractéristiques du travail de Vick et par trop déplacées dans un opéra suffisamment énigmatique par lui-même. Nous faisons tous des compromis – même si Votto n'en aurait accepté aucun –, l'important est de ne pas tomber dans la prostitution.

J'aurais rêvé de travailler avec certains metteurs en scène. Avec le grand Ingmar Bergman, par exemple, rencontré à l'issue d'un concert donné à Stockholm avec l'orchestre de la Scala. L'homme était doué d'excellentes compétences musicales ; je veux dire par là qu'il possédait une sensibilité assez aiguë pour se permettre de formuler un commentaire circonstancié sur ce qu'il venait d'entendre, presque une analyse. Je lui proposai de monter un opéra ensemble ; mais il me confia qu'il avait décidé de se retirer dans une île après le tournage de son dernier film. Quel dommage !

La même mésaventure m'est arrivée avec Federico Fellini, dont j'avais bien entendu fait la connaissance par l'entremise de Nino Rota, compositeur de prédilection des musiques originales de ses films.

— Hélas, cher maestro ! me dit-il. Le mot chanté me parle peu ; contrairement au mot parlé, il échappe complètement à mon contrôle.

Je regrette tout autant de n'avoir su convaincre Bernardo Bertolucci. Je pensais trouver un penchant pour le drame lyrique chez cet homme originaire d'Émilie-Romagne, auteur d'un film, *La Luna*, dont la bande originale intègre un air du *Bal masqué* sous ma direction.

Lorsque je m'adressai à Carmelo Bene, que je considérais comme un génie et qui adorait l'opéra, le projet s'orienta vers un *Trouvère* ou un *Macbeth*. Mais il exigeait tant d'heures de répétition que cela devenait incompatible avec le calendrier du théâtre. J'en fus vraiment déçu, d'autant que je me rappelle encore parfaitement quelle fut ma réaction un soir que j'assistais à l'un de ses spectacles. Après deux minutes, sa voix atteignait une telle puissance de suggestion que j'aurais voulu la suivre jusqu'à me perdre. Impossible de ne pas s'identifier à cet enchantement ! C'était comme renoncer à soi-même pour se laisser happer par ce phénomène sonore.

Tous ces artistes auraient pu apporter une contribution italienne d'un poids inestimable, complétant ainsi l'excellent travail accompli, dans une collaboration enthousiaste, avec des maîtres tels que Carsen, Vick et Jancsó.

5

L'orchestre du destin

Herbert von Karajan a toujours été ouvert à la jeunesse. Il avait l'art de détecter les nouveaux talents. Nous autres, chefs de cinquante ans et plus, devons lui en avoir de la reconnaissance, quoi que l'on ait pu dire sur son compte et sur ses motivations, qui n'étaient pas toujours perçues comme dictées par le souci de l'art. En tant qu'artiste, cependant, aucune discussion possible : Karajan a inventé un son d'orchestre, un phrasé, une élégance que nul n'avait le sentiment d'avoir entendus avant lui. Or ces années-là paraissaient dominées par un mouvement inverse. Dans les conservatoires, on suggérait aux élèves de rechercher une certaine « objectivité » du son, ennemie déclarée de toute forme de complaisance. D'un côté, Karajan ; de l'autre, l'enseignement académique. Le fait me paraît avéré, mais je ne me hasarderai pas à formuler le jugement sommaire que d'autres porteront avec plus de compétence que moi.

Karajan connaissait mes activités et mes réalisations. En 1971, il m'invita à diriger un *Don Pasquale* à Salzbourg. En quarante ans, à une exception près, je ne devais manquer aucune édition de ce festival, au point qu'une médaille m'y a été décernée le 24 août 2010, pour ma deux centième apparition sur le podium. J'y ai dirigé *Don Giovanni*, *Così fan tutte*, *La Traviata*, *La Flûte*, *La Clémence*, *Othello*, *Moïse* et *Orphée*.

Ma première rencontre avec l'Orchestre philharmonique de Vienne remonte au mois de mai 1971. C'était à Vienne même, dans la Sophiensaal, où avaient lieu les répétitions de lecture de *Don Pasquale*, bases sur lesquelles se fonderait la suite du travail en juillet. L'orchestre s'y retrouvait souvent, parfois pour enregistrer des disques.

J'étais intimidé. Il fallut en sus que j'arrive en retard, le cœur cognant à tout rompre – chose qui ne m'arrive jamais. Un musicien était sorti pour griller une cigarette. Je craignis que mes relations avec l'orchestre eussent cessé avant même d'avoir commencé. Au début des répétitions, je regardais autour de moi ; les plus âgés de ces musiciens, me disais-je, avaient connu dans l'immédiat après-guerre des maîtres tels que Wilhelm Furtwängler, Bruno Walter, Hans Knappertsbusch, Josef Krips, Ferenc Fricsay ! L'un d'eux avait même joué la *Flûte* sous la baguette de Toscanini, à Salzbourg. C'était l'orchestre des grands chefs issus des théâtres de l'Empire austro-hongrois. Et j'étais là, dans cette fosse aux lions !

Ces musiciens étaient habillés comme dans la Vienne d'autrefois. La ville, par son aspect, rappelait encore certains pays d'au-delà le rideau de fer. J'entends par là qu'en 1971 il suffisait d'observer la tenue vestimentaire des Viennois pour se rendre compte que la différence avec Budapest n'était pas si grande. Vienne, au fond, était une ville sombre. Il y régnait un climat musical solennel, propre à impressionner le jeune Italien que j'étais. Je redoutais presque de tomber dans la rue sur Beethoven ou Haydn et, dans l'escalier du Musikverein, sur Brahms, Bruckner ou Schönberg ! Dans une certaine mesure, tout était grave et lourd. Par bonheur, j'eus la chance de pouvoir appeler à mon aide le souvenir de Donizetti : nous parlions la même langue…

Le travail commença. L'aisance avec laquelle les cordes chantaient représentait pour moi une manière nouvelle, notablement différente d'un usage italien qui s'était développé avec l'opéra, pour ne pas dire avec le répertoire donizettien ; cependant cette manière abritait quelque chose de sombre et de profond qui, sans avoir le satiné de chez nous, donnait l'impression de pénétrer les notes davantage. Je ne dis pas qu'ils comprenaient cette musique mieux que nous ; mais j'avais le sentiment que leur jeu permettait d'y enfoncer des racines plus profondes. C'était *Don Pasquale*, pas la *Septième* de Beethoven ; et, néanmoins, leur façon d'aborder Donizetti mettait en évidence tout un héritage symphonique dont nous autres Italiens nous étions privés en décidant de faire évoluer la musique en un « chant » plus léger. Il est juste d'ajouter que les Italiens se tenaient plus proches du style et du monde de Donizetti, mais ce matin-là, au Sophiensaal, je découvris avec stupeur un orchestre qui se rapprochait de l'opéra-bouffe de 1843 sans couper le fil qui le reliait à Haydn, Beethoven, Schumann et Brahms. Devant moi se manifestait ce monde lointain, troublant et parfaitement fascinant. C'était un miracle, semblable au dévoilement d'un monument mystérieux, un jour d'inauguration.

Pour moi, bien sûr, c'était tout autre chose que de découvrir cette sonorité par le disque, seul moyen qui m'eût permis jusque-là de m'en faire une idée. Je n'avais qu'un geste à faire pour que surgisse le son. Encore ce phénomène musical ne répondait-il qu'en partie à ma demande ; en réalité, c'étaient eux qui m'offraient toute leur histoire. Je regardais leurs vestes noires, manifestation la plus visible d'un univers que je ne saurais mieux définir que par le mot « ancien ». L'effectif correspondait au dispositif ordinaire pour ce genre d'œuvre dans les théâtres italiens, mais le son était plus plein. Prenons l'attaque : dès les premières mesures, c'était un feu d'enfer. Au point que je fus obligé de leur expliquer que Donizetti n'était pas du tout le Verdi d'*Othello* ; pour me faire comprendre, je leur suggérai de se représenter un son presque mozartien. La différence de « son » entre les compositeurs, surtout quand des siècles les séparent, est une réalité à laquelle les chefs devraient accorder une plus grande attention. Trop souvent, même le Rossini *serio* est presque impossible à distinguer de Verdi, aussi bien dans les cordes que dans les cuivres. Nul besoin d'invoquer la philologie pour comprendre que c'est absurde.

Pour mieux communiquer avec les musiciens, il m'arrivait de chanter certains passages, comme j'aime toujours à le faire. À ma façon de chanter, ils percevaient souvent d'instinct certaines *nuances*[1] de la phrase, certains détails du phrasé, sans qu'il fût nécessaire de trop parler. Aussitôt, le son changeait. Manifestement, ces indications leur suffisaient. C'est qu'ils avaient avec l'opéra une familiarité absolue : n'oublions pas qu'il leur arrivait de jouer un soir *Wozzeck*, le *Barbier* le lendemain, *Parsifal* le surlendemain, et enfin *Don Carlo* et *La Force du destin*.

Ma fréquentation du Philharmonique de Vienne se poursuivit au fil des années. Nous avions trouvé une heureuse syntonie autour du nom de Mozart. C'est avec eux que je dirigeai ma première *Jupiter*, puis la *Symphonie en* sol *mineur* K. 550 : imaginez mon angoisse au moment d'affronter son ouverture si particulière ! Puis nous passâmes à Schubert et Brahms, à la demande même des musiciens qui voyaient là, bien entendu, une façon de jeter un pont entre nos deux cultures musicales, l'allemande et l'italienne. Schubert a subi l'influence indéniable de la musique italienne, à commencer par Rossini ; nous le pensions tous plus ou moins, mais une certaine appréhension dissuadait, semble-t-il, de le reconnaître ouvertement. Le préjugé commun, qui voit en nous des provinciaux, rechigne à admettre que le géant autrichien puisse avoir emprunté quoi que ce

1. En français dans le texte. (*NdT*)

soit au « Cygne de Pesaro ». Les Viennois apprécièrent grandement, grâce à notre collaboration, de pouvoir rapprocher ces deux âmes. Telle est la source stylistique où j'ai puisé pendant des dizaines d'années car leur son, plus que d'autres, se rapproche de mon idéal : même dans la violence (s'ils ont par exemple sur leur pupitre le *Sacre* de Stravinsky), les musiciens du Philharmoniker ne se départissent jamais de ce « velouté » qui les caractérise. Ce trait de leur physionomie remonte aux origines de leur activité symphonique et s'est développé à la faveur d'un long parcours que l'Histoire n'a jamais interrompu.

En 1982, je fus amené à diriger *Così fan tutte* de Mozart. Voici comment. Lors d'une tournée américaine (Boston, New York, Chicago) avec le Philharmonia de Londres, je m'étais retrouvé à Raleigh, en Caroline du Nord. Je me trouvais dans mon *inn* (une de ces constructions alvéolaires, avec terrasse et échelle à incendie, si fréquentes outre-Atlantique) lorsque, à 7 heures du matin, le téléphone sonna. J'entendis une voix ferme et résolue :

— C'est Karajan.

Je me tournai vers Cristina :

— Un dingue qui s'amuse à me faire une blague.

Mais mon interlocuteur reprit :

— Avez-vous jamais dirigé *Così fan tutte*?

Commençant à croire que ce pouvait bien être le vrai Karajan, je décidai d'aller dans son sens :

— Non, maestro. Mais Karl Böhm le donne en ce moment à Salzbourg, et avec grand succès. Je ne tiens pas à me tuer de mes propres mains. Puis-je y réfléchir?

— Pas le temps. C'est oui ou c'est non.

— Si c'est vous qui me le demandez, j'accepte.

— N'en parlez à personne. La direction est d'un autre avis. Je prononcerai votre nom au moment opportun.

Les choses prirent la direction voulue par le sort, et ce fut une bonne direction. Les pleureuses avaient déjà commencé de gémir et de ricaner: « Bravo, Muti ! Vas-y, dirige *Così fan tutte*! Cours au massacre ! » Au contraire, mon interprétation reçut les plus grands éloges de la presse germanophone. Le secret de ce succès tenait peut-être à mon choix de me situer, pour certains vers, à l'opposé de la tradition viennoise qui veut – de la musique avant toute chose ! – que les notes englobent les mots. Je fis le contraire. Pour simplifier, je partais de Da Ponte pour arriver à Mozart. Le résultat était assez différent des canons auxquels les mélomanes étaient habitués. D'abord ils marquèrent une curiosité prudente, avant de céder sans réserve à l'enthousiasme. La mise en scène était signée Michael Hampe; quant à la scénographie de Mauro Pagano, elle était tout bonnement fabuleuse, de même que les costumes. Tous les soirs, au deuxième acte, à l'arrivée du bateau, le public émerveillé retenait son souffle.

C'est tout à fait par hasard que j'ai découvert, un beau jour, pourquoi *Così fan tutte* est situé dans un univers napolitain, quoique Naples ne soit citée qu'une seule fois dans le livret. Je m'étais souvent posé la question; un matin, un très vieux musicologue, m'ayant aperçu à Vienne devant la cathédrale Saint-Étienne, fut ravi de venir me glisser à l'oreille, d'une voix de *carbonaro*, que la véritable histoire avait pour décor Neustadt, autrement dit la « ville nouvelle » en bon allemand; la discrétion interdisant de prononcer ce nom, on l'avait transposé en Napoli, c'est-à-dire « *Nea-polis* », qui signifie également « ville nouvelle », mais en grec.

Le spectacle fut repris six années de suite, de 1982 à 1988. Karajan, désormais, avait confiance en moi. Après qu'il eut dirigé *Don Giovanni*, il m'en confia la direction pour le festival suivant. Le croira-t-on : il m'arriva un soir de diriger cet opéra, alors que j'avais répété le matin même la « générale » de *Così*!

Ma collaboration avec le Wiener Philharmoniker est peut-être la plus importante de ma vie. Commencée en

1971, elle demeure intense à l'heure où j'écris ces lignes. Elle couvre toute ma période salzbourgeoise, y compris durant la seule année où je ne pus participer au festival. J'ai gravé à Vienne toutes les symphonies de Schubert. Suite à cet enregistrement, l'orchestre me demanda de diriger le fameux Concert du nouvel an 1993. Je ne connaissais pas grand-chose à la sublime *Unterhaltungsmusik*[1] viennoise, d'où mes hésitations. Les musiciens me répondirent que Schubert – que je dirigeais fort bien à leur avis – menait à Strauss. Je n'avais donc aucune excuse ! Je m'exécutai à plusieurs reprises avant de passer le témoin, car le côté répétitif de ce genre de concerts – avec son cérémonial, son aspect événementiel, etc. – finirait par éteindre la pulsion créatrice de l'interprète.

Un de mes grands rendez-vous fut, en 1995, la *Création* de Haydn, œuvre que j'abordais pour la première fois. Pour le cent vingt-cinquième anniversaire de la fondation du Musikverein, j'étais censé diriger le même concert que lors de sa première représentation. C'était donc un très long programme, conforme aux habitudes du XIXe siècle. J'étais abonné à ce genre d'initiative : après les cent cinquante ans de Wagner, j'eus droit en 1996 au millième anniversaire de l'Autriche, pour lequel fut mobilisée la plus ancienne institution musicale du pays, la Hofmusikkapelle, fondée en 1498 par Maximilien Ier. L'année suivante, en 1997, étaient commémorés les huit cent cinquante ans de la cathédrale Saint-Étienne. Le point culminant de ces célébrations avait été atteint en 1992 avec la remise de l'Anneau d'Or

1. « Musique de divertissement ». Le terme équivaut plus ou moins à celui que nous utilisons nous-mêmes quand nous parlons de « musique commerciale », voire de « musique légère ». Il va de soi que le très haut standing de l'histoire musicale allemande réclamait un mot plus noble et qu'il reconnaît à la production dite « commerciale » un niveau souvent fort respectable. Qu'il suffise de penser à Kurt Weill ou à Norbert Schultze.

de la Philharmonie, pour les cent cinquante années d'existence de l'orchestre, cérémonie qui impliquait une sorte d'union mystique avec cette glorieuse institution. En 2001, enfin, je reçus moi-même la médaille Nicolaï, du nom de l'éminent fondateur et premier chef de la formation.

L'Autriche est donc devenue ma seconde patrie, non seulement d'un point de vue musical, mais aussi humain. Dès 1973, je participais à la saison du Staatsoper au théâtre An der Wien avec *Aïda*, en présence de Grassi et Bogianckino, venus en patriotes[1] ! Cette première production fut suivie, deux ans après, par une première tournée au cours de laquelle me fut confiée une série de concerts, Karl Böhm ayant mené son mandat à bonnes fins.

J'ai fait venir plusieurs fois les Viennois en Italie, bien souvent à Naples. Même dans les heures difficiles, ne serait-ce qu'à mon départ de la Scala, ils se sont tenus à mes côtés. Un concert programmé avant ma démission fut donné un mois après, le 2 mai 2005. Chacun se rappelle combien la soirée fut émouvante : ils firent corps autour de moi, avec moi et pour moi. C'était la dernière fois que je dirigeais à la Scala. Je trouve qu'ils mériteraient de s'appeler « orchestre du Destin ».

1. Paolo Grassi, homme de théâtre, était fort connu dans l'Italie d'après-guerre ; Massimo Bogianckino, en plus d'être italien, cumulait les talents de musicien, de musicologue et de politicien. (*NdT*)

6

Musique pour le Nouveau Monde

J'étais encore à Londres lorsque débuta mon parcours avec l'Orchestre de Philadelphie. Un parcours singulier, né d'un simple arrangement. N'ayant jamais fait d'apparition aux États-Unis, je ne disposais pas de puissants impresarios et n'étais pas non plus adossé à de grandes maisons de disques. Même EMI n'avait jamais conditionné mes choix à mes objectifs de carrière – pour employer ce mot terrible.

En 1971, en tant que directeur du Maggio Musicale de Florence, je répétais *Le Christ au mont des Oliviers*, l'oratorio de Beethoven. La séance finissait à 13 heures et je savais que l'Orchestre de Philadelphie était en ville avec son chef Eugenc Ormandy. Commc il cst normal d'un chef consciencieux, il se présenta au théâtre un peu en avance sur l'heure de sa répétition et demanda qui j'étais, puis il s'installa pour m'écouter pendant une demi-heure, à moitié caché au fond du plateau, derrière les grands rideaux de velours rouge. Quant à moi, j'assistai au concert des Américains au côté de Vittorio Gui. Ormandy dirigeait la *Septième* de Beethoven. Mon illustre voisin était de ces gens taciturnes, impénétrables, dont toute la pensée s'exprime dans un haussement de sourcil. Or quelque chose, chez lui, attira mon attention ce soir-là : une pointe d'ironie. Je l'interrogeai. Il me répondit sèchement :

— Comme s'il fallait quatre trompettes dans la *Septième*!

À l'époque, on avait un peu tendance à doubler les vents afin de maintenir l'équilibre avec la masse des cordes. Mais toucher aux cuivres – pratique défendue par Wagner pour l'exécution de la *Neuvième* – était l'opération qui présentait le plus de risques; or les trompettes, ce soir-là, étaient en effet au nombre de quatre.

À la grande réception qui suivit le concert – le consulat américain se trouvait à deux pas du Teatro Comunale –, non seulement Gui me parut plutôt contrarié, mais Farulli aussi se montra suffisant et dubitatif. Pourquoi étaient-ils à ce point réservés? Je ne le comprenais pas. Au contraire, j'étais abasourdi par la précision, l'intonation, l'implication et la discipline de l'orchestre. Les entrées étaient parfaites, malgré le volume sonore: une découverte pour moi. Ainsi, les cordes faisaient toutes le même *spiccato*, toutes avaient le même *balzato*, et quand elles devaient se maintenir sur la deuxième moitié de l'archet, aucune ne manquait à l'appel ni ne s'égarait dans une position différente. En somme, elles affichaient une symétrie quasi mathématique. Comme chef, j'étais fasciné par cette technicité, ébloui par une virtuosité complètement inconnue. Je ne me posais même pas la question de l'« interprétation ».

Le lendemain, je déjeunai avec Ormandy dans la superbe maison de Patricia Volterra à Bellosguardo. Elle avait épousé un grand pianiste dont la carrière s'était trouvée interrompue par la guerre et compromise par les lois raciales; lui était devenu un célèbre expert artistique, métier qu'il exerçait toujours. Notre amitié était si étroite que c'est elle qui tint sur les fonts baptismaux mon premier fils, Francesco (ce rôle échut à Elda, la femme de Gui, pour Domenico, puis, pour ma fille Chiara, au comte et à la comtesse Guidi qui habitaient en face de chez moi au palais Ginori). Ormandy se déclara fort impressionné par la demi-heure de répétition à laquelle il avait assisté et m'invita à faire mes débuts américains en 1972. Le programme du concert donné le 27 octobre de cette année-là comprenait, entre autres, la *Symphonie* K. 338 de Mozart, un morceau pour piano seul et la *Troisième Symphonie* de Prokofiev. L'orchestre m'accueillit avec bienveillance. Norman Carol, son charismatique premier violon, vint dans ma loge me demander pourquoi un chef capable de diriger Mozart avec une telle élégance se vouait à une musique aussi brutale et agressive que celle de Prokofiev.

Je repris ce concert au Carnegie Hall de New York où le célèbre critique Harold C. Schonberg me présenta aux lecteurs du *New York Times* sous ce titre : « Riccardo Muti : Master of Baton » (« maître de la baguette »). L'invitation fut renouvelée les années suivantes pour des séjours plus longs, ce qui me valut les éloges enthousiastes de Daniel Webster, le chroniqueur de l'*Enquirer*. C'est ainsi qu'en 1976, après quarante ans d'exercice en Amérique, Ormandy se décida pour la première fois à nommer un premier chef invité en la personne de votre serviteur. Je fus heureux de ce signe qui annonçait ma nomination définitive : elle intervint quatre ans plus tard. J'étais directeur musical de l'Orchestre de Philadelphie.

À vrai dire, la nomination tomba en 1979, au moment de la naissance de mon troisième fils, Domenico ; lui aussi fut mis au monde par le professeur Montanelli, gynécologue à la clinique Donatello de Florence (Francesco était né au lendemain de *L'Africaine*, le 6 mai 1971 à 8 heures, et Chiara le 26 février 1973, alors que je répétais *La Traviata* à Paris). Apprenant que Domenico était né, je vis surgir l'insoluble dilemme : tout laisser en plan et rentrer à Florence (comme c'était le devoir d'un père) ou poursuivre les répétitions afin de ne pas obliger les organisateurs à recruter un remplaçant (comme c'était le devoir d'un maestro). En définitive, je décidai de rester et me consolai en songeant que le commandant d'un navire au long cours n'aurait pas eu le loisir de prendre un avion. Cependant Cristina se retrouva seule et il m'en est resté une petite blessure. J'ai toujours mal vécu de devoir délaisser mes enfants pour vagabonder de par le monde, malgré ma confiance absolue en Cristina et ma certitude que mes enfants ne doutaient pas d'occuper mes pensées à chaque instant. De retour au bercail après être resté longtemps loin de la maison, je posais mes valises et allais les chercher à l'école ; leurs regards de bonheur sont encore imprimés dans le mien, et nombre de mes partitions cachent entre leurs feuilles un de leurs dessins que j'ai la surprise, quelquefois, de redécouvrir.

À mon arrivée à la clinique, je voulus voir le petit Domenico. J'observai les nouveau-nés derrière la vitre en me demandant lequel était le mien. Ils étaient vingt. Je les passai tous deux fois en revue, sans que la nature me consente un petit coup de pouce pour le reconnaître. J'étais bien en droit de rester de marbre face à ces vingt bébés endormis derrière la paroi de verre : Domenico n'était pas du nombre, on l'avait emmené pour un examen ! Il porte le prénom de mon père, qui est aussi celui de mon arrière-grand-père. Ce dernier, resté célibataire une longue partie de sa vie (la vie très rude, comme on me l'a si souvent répété, d'un homme de peu), légua finalement une descendance à la famille en épousant à l'âge de soixante-sept ans une trentenaire du nom de Beatrice. Les Muti étaient établis à Molfetta depuis les débuts du XVIe siècle et les archives indiquent qu'ils exercèrent, pour certains, la profession de notaire ; mais Domenico Muti était un ouvrier, un simple travailleur agricole, et c'est justement là qu'il dut puiser la force et la résolution de faire un mariage tardif.

En 1980, je me retrouvai en même temps directeur musical à Philadelphie, directeur du Maggio Musicale et chef à Londres : c'était beaucoup de travail et je me demande encore comment je m'en sortais. Inévitablement, il fallait renoncer à quelque chose et c'est Florence que j'abandonnai en premier. Mon choix ne fut pas guidé par une hiérarchie affective : j'étais très attaché à cette ville qui était celle de mes enfants et de mes amis. Mais une raison artistique dut jouer : en quelque façon, j'avais fait le tour d'un ensemble d'expériences d'ailleurs téméraires.

Londres fut la deuxième ville que je dus quitter. Cette fois, ma décision fut dictée par ma nomination en Amérique. Le titre de directeur musical vous place au sommet d'une pyramide, position qui implique – une fois consulté le *management*, bien sûr – de prendre une batterie de décisions sous le régime de la responsabilité absolue : vie de l'orchestre, programmation, relations avec la ville, tournées, activité discographique, enfin tout. En outre, cet orchestre était une authentique « machine de guerre », dotée d'un très vaste répertoire et capable – en tout cas du point de vue technique – de l'exécuter immédiatement, quasi sans répétition, ce qui m'obligeait, moi, son directeur, à une égale rapidité. Il va de soi que je ne possédais pas tout leur répertoire : autrement dit, j'allais devoir m'adapter à ce rythme sans tarder.

Mes charges comprenaient en outre la création d'une part non négligeable de partitions contemporaines, surtout américaines. Il s'agissait souvent d'œuvres écrites spécialement à notre demande, si complexes qu'en comparaison diriger le *Sacre du printemps* de Stravinsky relevait de la promenade de santé. C'est un fait que leur caractéristique commune – outre l'intérêt pour les couleurs – était, hélas ! une complexité rythmique inouïe, qu'il fallait obtenir sans passer à l'orchestre la plus légère approximation, faute de quoi le morceau était perdu. Un chapitre entier ne suffirait pas à décrire mon rapport à la production contemporaine, une réalité dont on ne savait rien en Italie, ou si peu. Les critiques italiens, et le public avec eux, doivent penser que je ne me suis intéressé que de loin à la musique contemporaine. Je pourrais leur démontrer le contraire en leur rappelant que j'ai régulièrement dirigé à la Scala – entre autres – des pièces de Salvatore Sciarrino, Luca Francesconi, Giacomo Manzoni et Ivan Fedele.

Je dus aussi approfondir le répertoire symphonique de l'orchestre : la *Première* de Mahler, symphonies de Scriabine et bien d'autres dont la plupart sont désormais gravées sur disque. Élargir le répertoire était parfaitement nécessaire et justifié, pour ne pas dire indispensable. Je le compris mieux encore le jour où le premier violon me prit littéralement à contre-pied en me demandant :

— Maestro, vous qui êtes italien, pourquoi ne dirigez-vous jamais Respighi?

Mon ignorance me sauta littéralement aux yeux. De ce compositeur, je ne connaissais guère plus que ses deux ou trois œuvres les plus célèbres ; mais je voyais aussi à quel point l'idée s'était répandue en Italie qu'il était préférable de ne pas faire entendre sa musique. De quoi était-il donc coupable ? Peut-être d'avoir montré, en tant qu'universitaire, de la complaisance envers le régime fasciste. Mais Mascagni et Pirandello étaient dans le même cas, parmi tant d'autres. Il y avait là un préjugé et une méconnaissance dont nous, étudiants des conservatoires italiens, étions doublement coupables. Cette attitude jurait en outre avec celle des plus grands orchestres qui, partout dans le monde, jouaient la musique de Respighi sans en rougir (non seulement son cycle « romain », mais aussi des œuvres telles que le *Triptique botticellien*, le *Concerto pour violon*, etc.). Toscanini, aussi bien que Karajan, ne le dirigeaient-ils pas régulièrement?

Cette requête m'obligeait à reconnaître, à ma grande honte, les limites de mon savoir. Je me mis à l'étude.

Je peux donc redire aujourd'hui, en connaissance de cause, que si les années Respighi n'ont pas légué à la littérature musicale un vaste répertoire, elles ne manquent pourtant pas d'intérêt, car ces partitions sont bien souvent des chefs-d'œuvre d'orchestration. Je me penchai sur des compositeurs comme Giovanni Sgambati, Giuseppe Martucci et Ferruccio Busoni, qui avaient payé cher leur choix de s'éloigner de l'opéra, seul genre alors populaire, pour ne pas dire populacier – passez-moi l'expression. Même Toscanini s'obstinait à programmer la musique de Martucci (1856-1909), compositeur parfaitement négligé de nos jours, bien qu'il ait tenté, avec ses pairs, de maintenir intact au XXe siècle le fil de la musique italienne du XVIIIe. Je me dois de signaler une nouvelle fois la prescience de Vittorio Gui. Lui rendant hommage en 1914, il évoquait l'une de ces « voix tellement isolées, dans un pays où elles poussaient comme des plantes exotiques [...], pays où n'existait à l'époque d'autre forme d'expression musicale que le théâtre, lequel n'est pas toujours synonyme d'art, hier comme aujourd'hui[1] ».

J'ai donc enregistré la trilogie romaine de Respighi. Quand je l'ai proposée à la Scala, où elle n'était plus jouée depuis des dizaines d'années, un critique quelque peu fondamentaliste fit mine d'en prendre ombrage : c'était le même qui s'était manifesté à Florence pour nous reprocher le choix de *Cavalleria* et de *Paillasse*. Aujourd'hui, les choses ont changé. On s'intéresse de nouveau à la production lyrique de Respighi. Je ne doute pas qu'un même sort attende Giorgio Federico Ghedini, Ildebrando Pizzetti, Gian Francesco Malipiero et Franco Alfano, compositeurs de grand métier, mais aussi de haute culture. Pour avoir eu la chance de connaître personnellement Ghedini et Pizzetti, je puis témoigner que leurs idées, dans ce domaine, étaient magnifiques.

1. V. Gui, *Battute d'aspetto, op. cit.*

Hélas, toute cette époque a sombré et peine à renaître. Ceux qui conçoivent de nos jours les programmes des saisons symphoniques n'ont pas la tâche facile : après avoir sacrifié à l'indispensable prépondérance des classiques, ils doivent encore affronter la concurrence de la production italienne contemporaine, qu'il est certes parfaitement justifié de faire connaître, mais j'espère que tôt ou tard la poussière sera ôtée de notre production symphonique de la fin du XIXe et du XXe siècle, et qu'elle sera enfin rendue à la vie dans les salles de concert, comme cela se produit depuis quelques années pour nombre d'œuvres du répertoire ou pour l'interprétation baroque.

J'ai gravé avec l'Orchestre de Philadelphie les symphonies de Beethoven. C'était la première fois qu'elles étaient enregistrées sur CD aux États-Unis. Et je reste fier d'avoir renouvelé cette expérience avec les fantastiques symphonies de Scriabine, dont l'instrumentation est si brillante et avec lesquelles les musiciens se trouvèrent en excellents termes.

Deux concerts sont particulièrement chers à mon souvenir. Le premier fut donné, sous la présidence de Reagan, en signe de protestation contre le réarmement nucléaire. Les musiciens l'avaient voulu et je leur donnais parfaitement raison. Pour moi, qui suis italien, il ne s'agissait pas d'une décision futile. Une partie de l'opinion publique, dont on sait le poids aux États-Unis, était d'un avis opposé ; elle aurait fort bien pu, disons-le sans détour, m'inviter à faire mes valises. Et l'on vit bel et bien, devant la salle, deux hommes-sandwichs manifester *contre* ce concert.

L'autre événement, en 1991, fut un hommage télévisé à Martin Luther King. C'est, de toute ma carrière, l'une des soirées qui me tiennent le plus à cœur. Il faut savoir que, dans les grandes formations institutionnelles américaines, le nombre de personnes de couleur dans le public est le plus souvent réduit à la portion congrue. En règle générale, on n'y voit que des visages qui revendiquent une extraction européenne, même lointaine, donc une culture occidentale, tout du moins des racines. Dans une ville comme Philadelphie, lorsqu'on gagne le pupitre dans l'intention de jouer pour la « communauté », on est bien obligé de se demander de quelle communauté il s'agit.

J'avais le sentiment – et la conviction – de faire de la musique pour l'élite. On pouvait penser, non sans amertume, à la célèbre parole de l'Évangile : « *Multi sunt vocati, pauci vero electi*[1]. » Du fait de la composition multiethnique de la société américaine, et des graves problèmes socioculturels qui pèsent encore sur sa population, tout se passait comme si la « communauté » était une *communitas* toute théorique. Jamais je n'ai eu ce sentiment en Europe ou au Japon, pour la bonne raison que l'Europe ni le Japon ne sont dans cette situation.

Lors du concert pour Martin Luther King, le chœur se composait uniquement de personnes de couleur. Pour le *Lincoln Portrait* d'Aaron Copland, le récitant était Julius Erving, superstar du basket américain (le célèbre « Doctor J »). Au cours du concert, me retournant, je pouvais voir, une fois n'est pas coutume, un public composé à 90 % de gens de couleur. On m'avait demandé d'interpréter, avant l'hymne national – et ce fut une surprise pour les Blancs –, un morceau qui a pour ainsi dire valeur d'hymne « national » noir, le « Black National Anthem » intitulé *Lift Every Voice and Sing*. Tout le monde, Noirs et Blancs confondus, s'était levé comme un seul homme. Sur la photo finale, s'il me vint à rire, c'est que j'avais l'air de faire la même taille que Julius, qui s'était poliment agenouillé ! La soirée fut des plus émouvantes. Comme je l'ai dit, elle demeure

1. « Car il y a beaucoup d'appelés mais peu d'élus » (Matthieu, XXII, 14).

l'une des plus fortes émotions de ma vie – pour cette autre raison, aussi, que dès le concert suivant le public était redevenu ce qu'il n'a jamais cessé d'être, c'est-à-dire blanc. Je venais de vivre une expérience humaine sans prix. Quant au récitant, géant démesuré, abondamment acclamé, il m'avait rappelé la force d'engagement déployée par un grand acteur tel que Tino Carraro.

On m'appréciait à Philadelphie comme on m'avait apprécié à Florence. Devant l'Académie de musique, ancien théâtre de la ville, sont gravés dans le bronze, sur le sol, les noms des personnages qui ont fait sa grandeur : Leopold Stokowski, Eugene Ormandy, Mario Lanza et tant d'autres. Si vos pas vous y mènent un jour, vous y lirez aussi mon nom : le premier à droite. Toscanini lui-même s'est produit dans cette salle rendue célèbre par Stokowski, qui y a dirigé l'Orchestre de Philadelphie pour la musique du film *Fantasia*. Je ne puis donner meilleur exemple des artistes qui la fréquentaient que la photo qu'Ormandy avait fixée au mur de son bureau : autour du maestro, formant couronne, rien de moins que Nathan Milstein, David Oïstrakh et Isaac Stern, trois des plus grands violonistes du siècle. Trois géants qui devraient nous amener, nous autres Italiens, à tourner sept fois notre langue dans notre bouche avant de parler de l'Amérique à tort et à travers, voire avec condescendance.

Cette salle n'avait qu'une faiblesse : son acoustique, due à son architecture « traditionnelle » de théâtre à l'italienne. Quand l'orchestre quittait la fosse pour la scène, en l'absence de système de correction acoustique – alors inenvisageable –, l'équilibre était brisé. Ces conditions n'étaient évidemment pas celles de la Philharmonie de Berlin, du Concertgebouw d'Amsterdam, du Musikverein de Vienne ou de l'auditorium Tchaïkovski à Moscou. J'étais contrarié qu'une métropole historique, ne disposant pas du lieu adéquat, fût obligée de donner ballets et opéras dans un théâtre à l'ancienne.

Afin de réunir des fonds, j'enfourchai mon cheval de bataille. Des oppositions ne tardèrent pas à se manifester : les traditionalistes étaient réticents à l'idée d'abandonner une salle qu'ils nommaient affectueusement la « *Grande Dame*[1] ». Je leur expliquais sans relâche que je n'étais animé d'aucun désir d'autocélébration. Je n'étais pas en quête d'un espace à ma dévolution, puisqu'il me faudrait tôt ou tard rentrer en Italie, sans même l'avoir inauguré. C'était pour eux que je tenais à ce projet, eux qui étaient contraints, entre autres, de souffrir les retards provoqués par la superposition des périodes de répétitions « symphoniques » et d'installations « lyriques », tandis que le ballet devait se contenter des restes…

Stephen Sell, le manager, crut tout de suite au projet, de même qu'une partie du *board*. Ensemble, nous pûmes lever suffisamment de fonds pour réaliser le magnifique Kimmel Center. Même s'il a fallu procéder à des ajustements acoustiques, c'est une salle merveilleuse, voisine de l'Académie puisque située dans la même rue. Si plusieurs pièces ont été baptisées du nom d'autres directeurs, c'est la bibliothèque qui a reçu le mien. Je suis fier qu'il se trouve inscrit au cœur de cette institution.

Je suis resté en poste à Philadelphie jusqu'en 1992. Mon dernier concert à ce titre, qui coïncidait avec le vingtième anniversaire de mes débuts, fut donné à Jérusalem. Je voulais ainsi rendre hommage à l'héritage spirituel et au syncrétisme que chacun reconnaît à cette ville depuis deux millénaires. Ce fut aussi mon adieu aux formations orchestrales. Pour le bis, j'avais choisi Martucci, raison pour laquelle les musiciens me firent cadeau d'un T-shirt avec son nom imprimé dans le dos ! Je me contentai de donner le départ du *Notturno*, qu'ils achevèrent sans moi.

1. En français dans le texte. (*NdT*)

TEATRO ALLA SCALA

ENTE AUTONOMO

ORCHESTRA FILARMONICA DELLA SCALA

Stagione di Concerti 1995/96

12 novembre 1995 — **Direttore RICCARDO MUTI**
R. Schumann — Concerto per violoncello e orchestra in la min.
Solista: **YO-YO MA**
A. Bruckner — Sinfonia n. 4 in mi bem. magg. (Romantische)

29 gennaio 1996 — **Direttore MYUNG-WHUN CHUNG**
J. Brahms — Due danze ungheresi
L. Janacek — Taras Bulba, rapsodia sinfonica
A. Dvorák — Sinfonia n. 6 in re magg.

19 febbraio 1996 — **Direttore EMMANUEL KRIVINE**
P. Dukas — L'apprenti sorcier, scherzo sinfonico
M. De Falla — Noches en los jardinos de Espagna
Solista: **JOAQUIN ACHUCARRO**
B. Blacher — Variazioni per orchestra su un tema di Paganini op. 26
C. Debussy — Iberia, da Images

11 marzo 1996 — **Direttore SEMYON BYCHKOV**
F.J. Haydn — Sinfonia n. 44 "Trauersymphonie" in mi min.
D. Sciostakovic — Sinfonia n. 11 in sol min., op. 103, L'anno 1905

18 marzo 1996 — **Direttore RICCARDO MUTI**
L. van Beethoven — Triplo concerto in do magg., op 56 per pianoforte, violino, violoncello e orchestra
Solisti: **GIANLUCA CASCIOLI**, pianoforte; **FRANCESCO MANARA**, violino; **ENRICO DINDO**, violoncello
A. Bruckner — Sinfonia n. 6 in la magg.

15 aprile 1996 — **Direttore YURI TEMIRKANOV**
N. Rimskij Korsakov — La foresta incantata, ouverture *da* "La leggenda dell'invisibile citta di Kitez"
S. Prokofiev — Concerto n. 3 in do magg. per pianoforte e orchestra
Solista: **NIKOLAI PETROV**
S. Rachmaninov — Sinfonia n. 2 in mi min. op. 27

6 maggio 1996 — **Direttore RICCARDO CHAILLY**
Bach / Webern — Fuga (Ricercata) a sei voci *dal* "Musikalisches Opfer" BWV 1079
A. Bruckner — Sinfonia n. 5 in si bem. magg.

9 giugno 1996 — **Direttore WOLFGANG SAWALLISCH**
W.A. Mozart — Concerto n. 6 in la magg. K219 per violino e orchestra
Solista: **GIL SHAHAM**
A. Bruckner — Sinfonia n. 3 in re min. (Wagner Symphonie)

I concerti avranno inizio alle ore 20.00

La stagione 1995/96 dell'Orchestra Filarmonica della Scala
è realizzata con la collaborazione di

GRUPPO FININVEST

PREZZI SERALI (Tasse comprese)
Posto unico di platea o di palco L. 80.000 - Posto unico di I^a galleria L. 30.000
Posto unico di II^a galleria L. 20.000 - Ingresso L. 6.000
Sui biglietti riservati o acquistati nei giorni precedenti quello del concerto si applica il 10% di servizio prevendita.
I biglietti sono in vendita il giovedì precedente al concerto presso l'Azienda di Promozione Turistica del Milanese (Arengario) Via Marconi, 1 - Milano con il seguente orario: 9.00 - 18.30 sino ad esaurimento dei posti disponibili.

IMPAGINAZIONE E STAMPA ARTI GRAFICHE CONFALONIERI - MILANO

Le programme de la saison artistique 1995-1996 de la Scala, avec quelques-uns des chefs invités par Riccardo Muti.

7

À la Scala

En 1985, je me vis proposer la direction musicale de la Scala de Milan. Je ne pus faire moins que de démissionner de Philadelphie : un théâtre d'opéra réclame une énergie infinie, incompatible avec les responsabilités complexes requises par ma présence en Amérique – auxquelles s'ajoutaient mes engagements à Vienne et à Paris, comme au Bayerischer Rundfunk de Munich. À la Scala, l'orchestre avait grand besoin qu'on s'occupe de lui, raison même pour laquelle les musiciens faisaient appel à moi. Cette tâche exigerait une disponibilité maximale, ainsi qu'un engagement intensif. Aussi hésitai-je un peu. Je craignais d'avoir la nostalgie de Philadelphie. Enfin je signai le contrat, à Londres, où je me trouvais pour répéter un opéra. Dès la fin de cette même année, je siégeais dans les jurys de concours pour les nouvelles embauches.

Ce fut le début d'une très longue période qui s'ouvrit avec le *Nabucco* mis en scène par Roberto De Simone. Le 7 décembre 1986, quand se leva le rideau de ma première saison à la Scala, le chœur fut bissé. L'épisode fit quelque bruit. J'ai toujours pensé que le bis est révélateur du grand intérêt pour l'opéra, non seulement des aficionados italiens, mais de toute la population. On se souvient que même Craxi[1] fut prié de donner son avis

1. Bettino Craxi, alors chef du gouvernement italien. (*NdT*)

sur le sujet ! La chronique nous rapporte que cette tradition fut abolie à la Scala le soir où Toscanini refusa un bis au ténor dans *Un bal masqué*, malgré les cris indignés du public. À l'exception, peut-être, de l'air « *O Signor che dal tetto natio...* » des *Lombards* dirigé par Gavazzeni, cette pratique avait disparu.

La distribution, ce soir-là, était magnifique, à commencer par Ghena Dimitrova dans le rôle d'Abigaïlle. Un frémissement d'excitation accueillit le chef venu prendre la relève d'Abbado, puis tout se déroula dans la plus grande sérénité. Le moment venu de l'introduction orchestrale préludant à l'attaque du chœur, je perçus dans mon dos la tension qui régnait derrière moi. On ne peut l'expliquer avec des mots. Cette page d'opéra ne parle pas à la conscience, mais à l'ADN secret des Italiens. Tension, mais aussi attente : le chœur, formé par Giulio Bertola, phrasait avec une couleur parfaitement italienne, tout en ayant soin – héritier d'un art transmis de génération à génération – de bien faire entendre et de détacher chaque mot. Je pris la liberté de tenir la dernière note plus longtemps que Verdi ne l'a écrite, afin d'exprimer un « sentiment » mêlé de plainte et d'espérance, l'authentique appel à la lumière d'un prisonnier conscient que la rive du Jourdain est une hallucination, mais qui n'y renoncera pas pour autant. À la fin, il y eut un silence, puis un cri général monta du public. C'était la reconnaissance d'une belle exécution – cela dit sans vantardise car je n'en avais cure –, mais c'était aussi, dans une large mesure, une marque de gratitude : on me savait gré d'avoir réintroduit à la Scala et rendu aux Milanais une page qu'ils ne pouvaient pleinement embrasser que dans leur propre théâtre. C'est du reste à la Scala, en 1853, qu'elle fut donnée pour la première fois. En un sens, ils retrouvaient un trésor perdu qui leur appartenait en propre, aidés en cela par le précieux livret : « *O mia patria sì bella e perduta...* » (« Ô ma patrie si belle et perdue... »).

Je levais ma baguette pour donner le signal à la longue intervention de Zaccaria, quand éclata un cri : « Bis ! » La chose se répéta à trois reprises. Mon soupçon devint une certitude : ce n'était pas gratitude à mon égard, mais à l'égard de Verdi et de ce merveilleux moment de musique. En théorie, je savais pertinemment qu'il n'était pas question d'accorder ce bis, en vertu d'un interdit en vigueur depuis les années 1920 à la Scala, institution au prestige indiscuté, exemplaire aux yeux du monde. Jusqu'au point d'honneur de commencer à 20 heures si l'affiche indiquait 20 heures, tout appartenait à l'héritage toscaninien : l'exactitude était exigée de tous, du maestro aux techniciens.

À la troisième requête, je commençai tout de même à m'interroger. « Si tu refuses, me disais-je, tu déçois des milliers de personnes. Si tu cèdes, tu brises une tradition sacrée. » Levant les yeux, je regardai le chœur tel que disposé sur scène par De Simone, grave et digne. Je perçus dans leurs yeux un signe ténu mais immanquable : ils me poussaient à accorder le bis. Je repris donc l'introduction. La salle accueillit mon choix par des applaudissements. Et nous redonnâmes le morceau, mieux que la première fois peut-être, sans presque un geste de ma part car je voulais m'effacer devant Verdi, *Nabucco* et le « *Va' pensiero...* ». J'entendais ainsi faire honneur à la Scala, à la fierté milanaise, à l'Italie. Ce fut un moment magique, non dénué d'une certaine dose de patriotisme, au sens de perception d'une identité, comme pour dire : « Voilà qui nous sommes. » Une soirée triomphale jusqu'au bout[1].

1. Riccardo Muti a été amené à renouveler ce bis le 12 mars 2011, à Rome, à l'occasion du 150e anniversaire de l'État italien, dans des circonstances plus extraordinaires encore. À la fin du célèbre chœur des esclaves, la salle retentit de messages patriotiques hostiles au chef du gouvernement, Silvio Berlusconi. Face à celui-ci, Muti s'est alors adressé au public pour dire sa « honte » et son regret de sa « patrie perdue », invitant tout le monde à reprendre en chœur, debout, l'hymne de liberté. (*NdT*)

Le lendemain matin, les journaux commentaient l'événement, et je crois même me souvenir que Craxi se déclara hostile à la pratique du bis. Cette controverse donne une assez juste idée de ce que peut être notre pays. J'ai le cœur serré d'écrire ces mots aujourd'hui, au lendemain de décrets qui sont venus pénaliser la vie musicale italienne. En 1986, l'amour de l'opéra était encore vivace, parfois jusqu'à l'outrance comme chez les tifosi. On voit par là combien l'opéra fait partie intégrante de notre essence musicale et combien il reste – pour citer Frédéric II – *nostris affixa medullis*[1].

Naturellement, j'ai dirigé un grand nombre d'opéras à la Scala, non seulement Mozart et Wagner, mais aussi Gluck, qu'on n'y entendait guère et dont j'ai monté cinq pièces. Un soir de 1993, j'ai dirigé successivement *Paillasse* et *Le Baiser de la fée* de Stravinsky, œuvre qu'il n'est pas d'usage de confier au directeur musical et qui, d'ailleurs, n'est même pas censée figurer au programme d'une soirée d'opéra. Mon intention était de démontrer ce que chacun sait, à savoir qu'une musique de ballet est bien souvent une splendide partition symphonique, qui ne réclame pas moins d'attention que le reste du répertoire – ce que certains feignent pourtant d'ignorer. N'oublions pas en outre que c'est la musique qui dicte la chorégraphie, et non l'inverse, comme il arrive quelquefois, par une absurde inversion hiérarchique, pour le plus grand profit du chorégraphe.

Une œuvre rare, la *Lodoïska* de Cherubini, fut donnée en 1991 dans la grande mise en scène de Ronconi. Puis vinrent Spontini, Pergolèse, Poulenc et beaucoup de Verdi. En 1987-1988, je décidai – avec l'assentiment et le soutien du superintendant Carlo Maria Badini – de donner en un mois les trois opéras

1. « Dans notre cœur gravé. »

italiens de Mozart : un véritable aboutissement pour un théâtre jusque-là considéré – façon de parler – comme un « simple » théâtre verdien.

Don Giovanni bénéficia de la mise en scène de Strehler. C'était notre deuxième collaboration, après *Les Noces de Figaro* en 1981. Les premiers temps, nos rapports avaient été placés sous le signe d'un soupçon mutuel. Chacun conscient de son propre caractère, nous nous observions en chiens de faïence, guettant le moindre faux pas adverse. Nous savions que nos tempéraments respectifs pouvaient s'accorder à merveille ou, tout aussi bien, nous conduire au pugilat. Une série de photos, mieux que tout compte rendu, illustre ce que fut notre rencontre. Au début des répétitions sur le plateau (lui assistait à certaines des miennes et moi à toutes les siennes, comme il se doit pour toute création digne de ce nom), Strehler s'asseyait à gauche de la scène et moi à droite. Entre nous : le vide. Nous alternions nos observations. Au fil des séances, sans y prendre garde, nos fauteuils commencèrent à se rapprocher, tant et si bien qu'à la fin nous étions côte à côte, faisant pleuvoir une grêle d'indications sur les pauvres chanteurs ! Ce fut un succès extraordinaire : Samuel Ramey interprétait Figaro, la scénographie était signée Enzo Frigerio.

Deux ans plus tard, en 1983, alors que je n'avais pas encore d'engagement stable avec la Scala, un *Ernani* avait été donné dans la mise en scène de Ronconi. Musicalement – je l'ai très souvent réécouté sur disque –, je persiste à le trouver réussi, mais la mise en scène déclencha une tempête. Certains choix étaient embarrassants, tel ce chœur à demi enterré, privant les chanteurs de tout contact avec le public, qui finissait par freiner leur élan et inhibait quasiment toute expression – et cela dans une œuvre éminemment chorale, comprenant des morceaux de bravoure tels que « *Si ridesti il leon di Castiglia*... ». Résultat, certains choristes plaisantaient sous la scène :

— C'est nous les nains d'*Ernani*! Ils m'ont réduit, me voici nain[1] !

Ils avaient raison : on ne les voyait qu'à moitié. Or, lorsque des commentaires et des plaisanteries de ce genre commencent à circuler, le spectacle en est immanquablement affecté – quand bien même cet attirail, pris dans son ensemble, représentait, d'un point de vue technique, un exploit scénographique, bien dans le genre de la Scala. La critique finit par formuler une condamnation globale, y compris de trouvailles qui continuent de m'apparaître d'une beauté inégalable.

C'est donc en 1986 que je fis mes premiers pas de directeur musical à la Scala. Sur cette longue route, beaucoup de Verdi, bien entendu, surtout en 2001, année du centenaire. Comparant les affiches conçues cette saison-là par les théâtres internationaux, le *Financial Times* jugea que celle de la Scala offrait la seule vraie contribution à une relecture de ce maître immense. Quant à moi, je crois m'être toujours efforcé de retourner à ses partitions. À Vienne, en 1973, à l'occasion d'un *Aïda*, Hans Swarowsky avait loué dans une lettre, plus que toute autre chose, ma « fidélité » au texte. Ce qui n'implique pas de se borner à exécuter ce qui est écrit : il s'agit plutôt d'en capturer les possibilités cachées, qui sont infinies. En somme, il convient de se comporter, comme dit saint Paul, *atramento, non spiritu*[2]. C'est dans cet « esprit » que je repris la trilogie dite « populaire » : *Rigoletto, Le Trouvère* et *La Traviata*.

1. Jeu de mots intraduisible : « *Tutti nani nell'* Ernani *! Eccomi qua, m'hanno ridotto "er nano" !* » (*NdT*)

2. J'emprunte cette citation au très célèbre épître paulinien sur l'importance du sens et sur l'erreur qui consiste à s'attacher, par pharisaïsme inopportun, à la pure et simple lettre d'un texte écrit « non avec de l'encre mais avec l'esprit du Dieu vivant, non sur des tablettes de pierre mais sur les tablettes de chair de vos cœurs » (2 Cor. III, 3).

Cette dernière œuvre, en 1990, fit quelque tapage. La décision étant déjà arrêtée, j'entrepris une tournée internationale. Personne ne voulut me croire quand j'expliquais que la Scala ne l'avait pas donnée depuis vingt-six ans, en 1964, sous la direction de Karajan, avec, dans le rôle titre, Mirella Freni. Mes interlocuteurs étaient convaincus que *La Traviata* était le pain quotidien des Milanais, la capitale de la Lombardie étant, dans l'imaginaire collectif, le lieu même du répertoire verdien et italien. De telles mises entre parenthèses, en définitive, m'apparaissent justifiées : il est bon de concevoir les programmes dans un esprit ouvert, respectueux de l'histoire musicale au sens large du terme. Il n'en reste pas moins vrai que nous conservons le modèle d'une forme qui s'appelle l'opéra national du XIXe siècle, et que le monde nous reconnaît comme les dépositaires de son interprétation authentique et traditionnelle.

L'opération ne fut pas simple : les nostalgies n'avaient rien perdu de leur pouvoir, ainsi que le souvenir d'interprètes intouchables, véritables mythes auxquels il était déconseillé de faire de l'ombre et que certains préféraient voir momifiés plutôt que d'en créer de nouveaux. Il va de soi que pareille attitude n'a pas sa place dans une entreprise culturelle. On ne peut arrêter l'histoire de l'interprétation ni fermer la voie aux nouvelles façons d'envisager les œuvres du passé, lequel n'est pas un musée. Nous devons l'accepter : le monde de la Callas et de la Tebaldi, de Bastianini et de Corelli n'existe plus, et nous ne saurions esquiver le devoir de former de nouveaux chanteurs pour les mettre à l'épreuve des œuvres d'autrefois.

Telles étaient mes réflexions. Je n'ignorais pas que tout nom prononcé pour un rôle principal subirait la comparaison avec les monstre sacrés ; comme il fallait prendre une route, je me mis en quête d'interprètes qui mèneraient à ce que je devais appeler plus tard la « *Traviata* des jeunes ». Après nombre d'auditions, mon choix se porta sur la soprano Tiziana Fabbricini : elle avait l'agilité nécessaire, mais aussi – et surtout – assez de tempérament pour habiter Violetta d'une virtuosité authentiquement *drammatica*, au lieu de se contenter d'enchaîner les doubles croches (et je me rends compte qu'un tel point de vue doit évoquer la Callas aux nostalgiques !). Tiziana Fabbricini possédait exactement ce que nous attendions d'une voix : grande virtuosité au premier acte, tempérament au deuxième et sublimation au troisième. Elle plairait ou ne plairait pas – et elle eut, de fait, ses admirateurs et ses détracteurs –, mais j'étais convaincu qu'elle possédait, jusque par sa jeunesse, les moyens de mettre en lumière les caractéristiques expressives de Violetta, ce climat de mort qui plane dès le premier acte où le toast, qui n'est pas entièrement festif, est habituellement traité un peu à la légère, alors qu'il contient un avertissement tragique : la femme, sachant qu'elle porte le drame en elle, s'efforce d'ignorer l'amour qui sous peu l'accablera.

Le ténor, Roberto Alagna, lui aussi plein de tempérament, avait une voix magnifique. Même le baryton, Paolo Conti, était jeune. Une *Traviata* des jeunes, donc. Les attentes de l'orchestre se chargèrent d'émotion quand débutèrent les répétions du prélude : comment ne pas frémir à l'idée que ces notes se répandaient à nouveau, plus de vingt ans après, dans la salle du Piermarini[1] ? Pareils sons, dans pareil théâtre, se parent d'habits neufs, ils semblent plus « justes » qu'ailleurs ; la salle a l'air de se les réapproprier. Dehors, on entendait les voix de ceux qui auraient préféré garder intact ce chef-d'œuvre que Karajan, déjà, n'avait pu toucher sans déclencher une tempête. J'étais interloqué, ne voyant pas quel crime j'avais pu commettre. Je me gardais bien de mépriser la passion des « nostalgiques » – car toute passion est respectable –, mais la jugeais dangereuse

1. Giuseppe Piermarini est l'architecte du *Teatro della Scala*. (*NdT*)

d'un point de vue culturel. Nous travaillions ardemment pendant les répétitions. La mise en scène était de Liliana Cavani, les décors de Dante Ferretti, les costumes de Gabriella Pescucci (ces deux derniers remportèrent un Oscar). L'ensemble était poétique et conforme à nos intentions. Nous ne montions pas la *Traviata* la plus moderne du monde, mais nous n'en avions pas besoin. Ce dont nous avions besoin, c'était d'une *Traviata*!

J'en étais à ce point convaincu que j'en vins, une fois n'est pas coutume, à commettre une entorse à mon intransigeance notoire. À la fin du premier acte, Toscanini, dans son enregistrement, fait chanter un *si* bémol, mais la tradition indique aux sopranos légers un *mi* bémol devenu habituel. Pour le disque enregistré avec Renata Scotto dans le rôle de Violetta, j'étais parvenu à éviter cette *puntatura*[1]. Vinrent les répétitions : je procédai selon mon instinct et mes habitudes d'exactitude. Je commençais toutefois à me demander s'il n'y avait pas quelque excès de zèle, devant ce public, à vouloir mordicus achever l'acte tel que Verdi l'avait écrit, alors que cette *Traviata* était destinée à briser les murs de la peur. N'étais-je pas condamné à réussir si je ne voulais pas que l'œuvre retourne pour vingt-six ans au fond d'un tiroir? Je demandai donc à la Fabbricini d'essayer le *mi* bémol : c'était beau et plein, rien à voir avec le *spillo*, cet aigu qui fait le régal des sopranini. À la fin des répétitions, avant de passer sur scène, je lui demandai de le refaire. Devais-je avoir honte de ce *mi* bémol qui trahissait mon credo? Peut-être bien… Cependant il introduisait comme une fêlure, et je fis de nécessité vertu en en demandant pardon à Verdi.

Devant le public, le premier acte se déroula dans un silence glacial qui me remontait l'échine, comme lors de mon premier *Nabucco* à la Scala : un vrai courant

1. On parle de *puntatura* quand le chanteur substitue une note à une autre, afin de se mettre en valeur.

électrique ! C'était l'émotion muette de ceux que l'œuvre bouleversait, mais aussi la réserve des auditeurs – combien étaient-ils ? – qui nous attendaient au tournant pour nous juger sur pièce. Je progressais avec peine. Sur le plateau, mes deux protagonistes enchaînaient mélodies subtiles et *cabalette* sans que rien se produise. On se serait cru dans un stade de foot, quand les joueurs se démènent sans obtenir autre chose qu'un silence tombal. La soprano entamait les dernières coloratures. L'orchestre, le chœur, les danseurs, tout le monde avait à cœur de réussir et l'exprimait de toute la force positive d'un : « On va y arriver ! », envoyant promener les arguties des mélomanes (chant « dans le masque » ou non, voix engorgée, prononciation du *i*, du *a*, du *o*…). J'en étais à prier sant' Ambrogio et san Gennaro[1] ! Enfin, Tiziana lança un incomparable *mi* bémol et mit, comme on dit, toute la salle dans sa poche. J'aurais préféré que le succès ne dépendît pas de cette seule note (car le public est moins réceptif aux passages moins spectaculaires, aux phrasés respectueux de la force intrinsèque des vers et de leur correcte « ponctuation », à l'agogique bien comprise), mais j'étais heureux quand même !

Le lendemain, les comptes rendus de la presse évoquaient à loisir le « retour à la maison d'un ami très cher ». Le bonheur me fut donné de reprendre cette *Traviata* au cours des années suivantes, toujours avec succès, grâce à la « *porta Pia* » – la brèche, en quelque sorte – que nous avions ouverte.

En 2000, je passai au *Trouvère*. Cette fois, je fus confronté à une tradition interprétative proche, par instants, de la déformation pure et simple. Prenons le finale de l'acte II, un des passages les plus extraordinaires du drame, digne d'un metteur en scène moderne. À un moment se produit un *coup de théâtre*[2] : l'apparition

1. Ambroise (Ambrogio) et Janvier (Gennaro) sont respectivement les saints patrons de Milan et de Naples. (*NdT*)
2. En français dans le texte. (*NdT*)

de Manrico. Verdi zoome sur la soprano qui, voyant Manrico, demeure abasourdie et lui pose cette question purement rhétorique : « *Sei tu dal ciel disceso o in ciel son io con te?* » (« Est-ce toi qui es descendu du ciel, ou moi qui suis au ciel avec toi? ») Elle n'en croit pas ses yeux : il n'est donc pas mort ! À cette minute, c'est Leonora qui occupe tout le cadre, mais le combat – génie de Verdi ! – n'en continue pas moins : pas question pour les soldats de baisser les armes, l'action se poursuit. Eh bien, la tradition veut qu'à la fin de l'acte le ténor se joigne à la soprano pour déclamer avec elle : « *Sono io dal ciel* », etc. C'est ridicule ! Cette erreur aberrante, antithéâtrale en un mot, est entièrement redevable au ténor, qui ne veut pas être en reste pour le finale et qui ne laisserait pour rien au monde lui échapper ce superbe *si* bémol ! Or une liberté de ce genre n'est ni plus ni moins qu'un coup de pied à Verdi et à son extraordinaire idée : car le ténor, à cet instant précis, n'a strictement *rien* à dire ! C'est à Leonora, une dernière fois, de répéter sa question pour elle-même et pour tous. Une telle modification, dont est seule responsable la prétendue « tradition », est autrement plus grave qu'une *puntatura* en plus ou en moins ; ce faisant on compromet cette scène, et même on l'assassine dans ce qu'elle a de très moderne.

Pareilles trahisons ne sont pas rares. Autre exemple, tiré du même opéra : le célèbre « *Mal reggendo all'aspro assalto* ». Si la partition prévoit un pianissimo, c'est que Manrico ne fait qu'évoquer un présage, un « mouvement mystérieux », une « voix venue du ciel ». Or on entend le plus souvent tout le contraire. L'accompagnement trépigne et rugit, le ténor (encore lui !) prend une pose héroïque, au sens le moins scrupuleux et le plus trivial du terme : « *Oi ma' ! Siente... sa' che m'aggio sunnato? D'aveie fatto nu straviso a chillo llà ! Puozz'ess'acciso ! O steve pa' accirere a chillo llà !* » Le tout, naturellement, avec force gesticulations. Or le pianissimo doit être tenu : la voix qui « vient du ciel » doit respecter la dynamique *p* de l'orchestre (laquelle devient *pp* sur « *che mi dice: Non ferir* »). Même chose au début du deuxième acte de *La Traviata* : tous les ténors chantent « *De' mmiei bbbollenti spirrriti, il ggiovvanil'arrdore* » avec un accent furieux, comme si le Vésuve venait de se réveiller dans leur poitrine, expulsant de la lave, des pierres et du feu ! Or que dit Alfredo ? « *Il giovanile ardore ella temprò* », tout simplement. Oui, « *temprò* », pas juste « *bollenti* » ! Bouillir, mais aussi adoucir !

Qu'on me comprenne : je ne dis pas qu'il faille chanter sans chanter ; mais le chanteur a l'obligation, en jouant des couleurs de sa voix, de faire comprendre que Violetta a soumis et adouci son cœur. Je sais bien que le ténor doit faire le ténor, qu'il ne saurait être question de se passer d'Alfredo, ni de le priver de cette hardiesse qui le caractérise presque toujours. Mais ce qu'il dit là, c'est tout autre chose. On ne peut pas le chanter sans se soucier du sens. Cet exemple montre bien dans quelles contradictions il arrive que s'égarent les chanteurs, parfois, quand ils renoncent à faire usage de leur bon sens.

Du fait de la suprématie des voix – dont je ne songe nullement à mettre en doute l'importance –, les malentendus de ce genre sont légion, hélas ! dans les représentations de Verdi. Gardons-nous d'oublier quel metteur en scène il fut, et quel homme de théâtre ; c'est le rôle du chef de faire ce que disent les partitions. Si le manuscrit autographe du *Trouvère* indique *pppppppppppp* (douze fois *piano*!), c'est que Verdi craignait de voir le chef lui consentir à peine un *pp*. Qui sait s'il ne les a pas marqués lors des répétitions, las de supplier ! Comment se fait-il que l'on n'accorde pas plus d'attention à ses indications – qui sont fondamentales –, comme on le fait lorsqu'on dirige Beethoven – chez qui, d'ailleurs, les *f* et *ff* sont trop souvent rendus de la même façon, au mépris des surprenants éclats de violence qui émaillent sa musique.

Songez à *Macbeth*, œuvre dans laquelle Verdi parvient à l'énigmatiquc *suono muto* – le « son muet » !

Ici, le maestro doit préserver la terrible vibration « verdienne », tout en produisant quelque chose de neuf. C'est ce que je me suis toujours efforcé de faire tout au long de ma vie artistique. Était-ce une erreur ? Si oui, j'en serais mortifié. Débarquer un beau jour dans l'au-delà pour entendre Wagner, Beethoven ou Spontini me dire : « Tu t'es trompé, Riccardo ! », cela, je pourrais le supporter, mais si Verdi lui-même prononçait ce verdict, lui à qui je me suis dévoué avec tout mon amour, au point de me cacher dans une fosse idéale jusqu'à y disparaître, ce serait un choc terrible ! Je n'ai jamais recherché qu'une chose : toucher le public – mieux encore, faire en sorte que Verdi le touche, non seulement viscéralement, mais *totalement*.

Le même problème se pose avec l'air de la Pira dans *Le Trouvère*. À la fin du morceau, j'évitais le *do* « de poitrine » que Verdi n'a *pas* écrit. J'en fis l'essai pour la première fois à Florence, devant ce public extraordinaire qui avait toujours eu à cœur de me suivre, en tout cas de comprendre mes intentions. J'avais de bonnes raisons pour cela : la tessiture intermédiaire prévue pour Manrico (hormis un *si* bémol et un passage en duo avec la soprano dans lequel l'aigu reste pour ainsi dire suspendu, et ce dès le *terzetto* du premier acte). De plus, le personnage n'est pas un guerrier mais un poète, même s'il lui arrive de combattre. Nous autres, Italiens, ne nous en soucions jamais. Parfois même, intimidés que nous sommes par le poids de la « tradition », nous l'oublions sans le vouloir. Quand on nous demande ce que nous allons entendre ce soir, nous répondons fièrement, en bombant le torse : « *Le Trrrouvère !* », comme nous dirions avec un élan d'enthousiasme : « Ettore Fieramosca[1] ! » Alors qu'il suffirait de dire, tout simplement : « *Le Trouvère.* » Inversement, le lendemain soir, nous

1. Personnage haut en couleur de la littérature italienne, sorte de d'Artagnan transalpin. (*NdT*)

murmurons d'une voix sans vie : « *La Tra-ia-ta* » (*sic*) ! Mieux vaudrait montrer plus de résolution et de réalisme car le personnage de Violetta et l'opéra lui-même ne peuvent se comprendre si l'on oublie que l'intrigue met en scène rien de moins qu'une prostituée, même de haut vol. Autrement dit, prononcer « *Traviata* » d'une voix douce et « *Trouvère* » en fronçant les sourcils d'un air belliqueux, c'est tout pervertir dès le titre.

Qui plus est, ce fameux *do* suscite une série d'« ajustements ». À la fin de la *cabalette* de la troisième partie (« *Di quella pira l'orrendo foco* »), Manrico chante la dominante *sol* en même temps que le chœur en appelle aux armes. Et pendant ce *sol* – que le *tenor tenet* –, orchestre et chœur alternent, à quinze mesures de la fin, les harmonies de dominante et de tonique (cette note appartenant à l'une comme à l'autre : *sol, si, ré* pour le premier accord, *do, mi, sol* pour le second). Qui veut exécuter ce *do* doit y aller franchement, avec la tonique (*do, mi, sol*), mais se heurtera à l'harmonie de la dominante (*sol, si, ré*) qui ne l'attend pas. Il est vrai que, dans certains cas, le ténor – qui a déjà corrigé un *sol* en *do* en prononçant « *col sangue vostro* » – attend poliment l'harmonie de tonique sur laquelle va conclure le chœur, mais souvent il commence trop tôt à lancer son aigu sur l'harmonie de dominante du chœur. Même des ténors célèbres le font. Résultat : la tradition préfère que le ténor produise cette note *après* le chœur. Mais c'est dénaturer ce que Verdi a écrit. Parfois même, voire souvent, il s'en dispense – chose véritablement insupportable selon moi – pour prendre du souffle en vue du *do* final, de sorte que disparaît la partie écrite pour lui par Verdi, ce « dialogue » avec le chœur. Au tomber du rideau, il se cramponne à son *do*, voire au rideau lui-même, quand il ne décide pas de le rouvrir avec la main, tant que la vie l'anime encore, avant de le refermer pendant que l'orchestre continue de jouer tant qu'il reste de l'air dans les trompettes… et ailleurs !

Agir ainsi, comme je l'ai dit, suppose de modifier la partition originale; et le chœur – alors que les flammes du bûcher commencent à lécher les genoux d'Azucena! – reste là à ne rien faire. « Même à cette époque, ils chantaient l'aigu », me direz-vous. Certes, et Verdi était parfaitement conscient de ce problème. Même s'il n'avait aucun moyen d'y remédier. Mais s'il avait voulu changer ce *sol* en *do*, ne croyez-vous pas qu'il l'aurait fait en 1857, lorsqu'il reprit sa partition pour Paris, lui apportant nombre de modifications, grandes et petites? Que cette note soit séduisante, enthousiasmante, piquante, je n'en disconviens absolument pas; seulement, pour en jouir à cet instant précis, il faut avoir sacrément rudoyé la disposition musicale!

Mais il y a pire malhonnêteté: beaucoup de ténors entendent chanter ce *do*, et certains, pour éviter tout malentendu et par souci de leur propre confort, vont jusqu'à obliger le chef à tout diminuer d'un demi-ton (voire d'un ton); ainsi le public rentre à la maison tout content d'avoir eu un *do*, sans même savoir qu'il s'agissait d'un simple *si* bémol! Et voilà comment on défigure le plan harmonique général de tout un enchaînement de scènes. Je me souviens qu'au lendemain de la première du *Trouvère* à la Scala, une émission de radio diffusait une longue série d'enregistrements de l'air de Pira. Ce florilège comprenait toute une variété de *si* et de *si* bémol, ce qui n'empêcha pas l'animateur de parler tranquillement d'un *do*! Voyez-vous, les professionnels que nous sommes sont souvent tenus de prêter l'oreille aux dissertations des « experts »; croyez-moi, il faut de la patience…

Dans *Rigoletto*, de même, toutes les fioritures du baryton sont des choix arbitraires absents du manuscrit autographe. Je dois dire cependant que si *Le Trouvère* me valut deux ou trois petites protestations, tel ne fut pas le cas en 1994 d'un *Rigoletto* qui dut subir les assauts pompiéristes des exécutants, bien qu'il s'agisse d'un opéra parmi les plus subtils de Verdi et d'une œuvre – comme lui-même l'a écrit dans une lettre célèbre – quasi « dépourvue d'airs ». On peut en effet la jouer du début à la fin sans aucune interruption (c'est-à-dire sans cette solution de continuité qu'induisent les applaudissements des cadences qui clôturent les « numéros ».

Prenons par exemple « *La donna è mobile* ». Et, de nouveau, sa chute: en général, le ténor brandit l'aigu comme un *Heldentenor* son épée. Il est parfaitement exact que Verdi ne tardera pas à écrire ce *si* naturel, mais seulement quand le duc s'endort en chantonnant en coulisse (il faudrait d'ailleurs exécuter ce passage *pianissimo* et *diminuendo*, puisqu'il s'agit d'un homme qui glisse doucement dans le sommeil). Dans ces conditions, les choses sont encore plus claires que dans l'air de la Pira, et je crois ma démonstration imparable. À la Scala, pour bien me faire comprendre, je me servais de la comparaison avec la version française. Verdi a prévu un *si* naturel deux pages plus loin; autrement dit, s'il l'avait vraiment voulu, il l'aurait aussi placé avant, au moment marqué par une analogie mélodique. Une autre remarque s'impose: quand vient la phrase « *viver dee o morire* », un basson continue de reprendre le thème de la chanson *ppp* pour finir sur un long *si* naturel, ce qui signifie que, dans l'intention du compositeur, ne devaient pas intervenir, avant cette fin, d'applaudissements intempestifs déchaînés par un éventuel aigu – puisqu'à l'opéra prévaut la règle du « pas d'aigu, pas d'applaudissements ». Enfin le *si*, conclusion de la mélodie, est une note importante, y compris du point de vue harmonique, en tant que dominante de la prochaine tonalité, le *mi* majeur qui préside au très célèbre quatuor: « *Un dì, se ben rammentomi.* » Si l'aigu du ténor entrave la marche de l'orchestre et la suspension magique de ce basson, tout est flanqué sens dessus dessous. N'est-ce pas un crime? Je préfère attendre un instant, entendre l'aigu hors du plateau après quelques minutes, et laisser les choses aller leur cours selon la conception voulue par ce grand musicien qu'est Verdi.

Un peu plus loin, Rigoletto chante « *un sacco il suo lenzuolo. All'onda! All'onda!* ». Dans les exécutions traditionnelles, à la reprise, il s'oblige à faire cette fameuse substitution appelée *puntatura* et en oublie carrément qu'il a une bosse. Attitude étrange : à cet instant, sa seule préoccupation devrait être de se délivrer au plus vite du corps du duc, pas de nous faire entendre son aigu – si je puis me permettre – dans tout Mantoue ! Comprenons-nous bien : loin de moi le désir de réprimer la passion du public pour la belle note ; c'est précisément pour répondre à cet instinct que je veux utiliser Verdi à d'autres fins.

Dernier exemple, le « *Mi coglierà sventura? Ah no: è follia.* » En général, sur « *follia* », le baryton dégaine un *sol* naturel, parfois même après avoir levé la main à la romaine. Il ferait mieux de suivre cette maxime du grand Battistini : « Ne promets jamais de la main ce que ta voix ne pourra tenir. » Il ferait bien surtout d'éviter l'aigu. Une ligne plus haut, au « *tal pensiero perché conturba ognor la mente mia* », Verdi a mis un *ppp*. Pourquoi ? Justement parce qu'il est question de pensée (*pensiero*). C'est de cette façon que devrait être rendu le changement *intérieur* en germe dans les profondeurs de cette conscience tourmentée : « *Mi coglierà sventura? Ah no: è follia.* » Rigoletto, même fugitivement, médite replié sur lui-même ; du point de vue dramatique, il est ridicule de transformer en un cri cet instant de doute et d'angoisse.

Autre défaut : ce *sol* naturel noie littéralement dans le brouhaha (en vertu de la même équation fulgurante : un aigu = mille personnes qui applaudissent) l'explosion du *do* majeur qui permet à l'orchestre d'introduire le duo Gilda-Rigoletto. Ce devrait être une sorte de rideau qui s'ouvre sur l'arrivée inattendue de la soprano, irruption irréfragable du féminin, de la joie, de la lumière, nouveau et très brusque *coup de théâtre*[1]. Cet « effet intempestif » (l'aigu suivi de prévisibles applaudissements) annule l'effet sublime (Gilda) et transforme l'introduction orchestrale, à peu près inaudible, en un vain et informe grognement.

Pour dire le fond de ma pensée : Rigoletto est vraiment une figure grandiose, bien autre chose que ce *la* bémol par lequel les barytons concluent généralement l'air « *Si, vendetta* ». D'autres détails mineurs, y compris dans le livret, ont été « corrompus » par la tradition. Le duc de Mantoue, par exemple. Il appartient à une race de libertins sans scrupules, c'est un infidèle chronique, un vrai don Juan de province. À la fin, il s'approche de Sparafucile pour lui demander – à en croire la version servie pendant des années au public des théâtres – « *una stanza e del vino* » (« une chambre et du vin »). Suit ce commentaire, adressé à Gilda par Rigoletto : « *Sono questi i suoi costumi!* » (« Voilà quelles sont ses mœurs ! »). Réponse de Sparafucile : « *Oh, il bel zerbino!* » (« Quel charmant dandy ! »). Si c'est vraiment là ce que le duc demande, dites-moi où est le mal ? Je m'interroge. Vous descendez dans un hôtel, demandez : « Voulez-vous me donner une chambre, s'il vous plaît, et me faire monter une bouteille de vin ? », et le concierge se met à grogner : « Regardez-moi ce grossier personnage, qui débarque à des 22 heures ! » La vérité est ailleurs. Dans le livret original de Piave, le duc de Mantoue demande : « *Due cose e tosto: tua sorella e del vino* » (« Deux choses, et vite : ta sœur et du vin »). Désir que la censure, à bon droit, jugea légèrement licencieux, ce qui l'amena à corriger le texte. Il faut le répéter : Verdi ne fut pas le garant ravi de telles pratiques, mais tout bonnement la victime.

Dans les archives de la Scala, je suis tombé un jour sur l'affiche d'une soirée ultérieure de peu d'années

1. En français dans le texte. (*NdT*)

à la première de 1953. On y donnait le premier acte du *Trouvère*, puis une fantaisie de danses et de fanfares, puis le deuxième acte, puis des danses à nouveau, pas de troisième acte (celui de la Pira !) et le quatrième pour finir. Comment croire que le maestro se soit réjoui d'une manipulation aussi arbitraire de son œuvre ? C'est bien pourquoi il importe de comprendre ses intentions et se garder des préjugés fondamentalistes. Dans les œuvres de la première période, par exemple, il est possible d'introduire des variations dans le *da capo* des arias.

Je suis convaincu que mon attitude est la seule possible : non pas la révolution pour la révolution, mais la rigueur tout simplement, une approche des partitions telles qu'elles furent écrites. Cette rigueur ne manqua pas de susciter surprises et polémiques à Vienne, en 1983. C'était la première fois que le *Rigoletto*, populaire aussi en Autriche, était exécuté sur la base de l'édition critique ; au regard de l'usage, il fut perçu comme un peu « sec ». Edita Gruberová sembla mécontente, au début, de ce je ne lui demandais pas dans l'air « *Caro nome* », mais D'Amico, une fois de plus, se rangea de mon côté. Comme à son habitude, il ne doutait pas de moi et s'exprima sur le sujet de façon péremptoire : « On me dit qu'elle est fâchée : ce serait faire tort à son intelligence. Ses deux mesures de trilles dans le medium, prescrites par Verdi à cet endroit même, furent peut-être le plus doux des supplices, le sommet de la soirée[1]. » Dans les autres pays, le public finit par me comprendre et par me suivre, comme ce fut aussi le cas en Italie. À Munich, nous connûmes le succès avec une *Aïda* mise en scène par Enriquez, puis avec un *Macbeth* mis en scène par De Simone, pour lequel je conservai les scènes « napolitaines » de Manzù.

1. « Come Verdi l'ha fatto », in *Tutte le chronache*, *op. cit.*

Pour *Othello*, en 2001, je baissai le diapason pour approcher ce que Verdi, dans une lettre de 1884, avait demandé à Celestino Terzi, président de la Commission pour la musique militaire. Le diapason à 432[1], disait-il, « n'enlève rien à la sonorité et au brio de l'exécution, mais au contraire apporte quelque chose de plus noble, plus plein et plus majestueux que ce que produiraient les cris d'un choriste à la voix trop aiguë[2] ». Afin d'obtenir les quatre cent trente-six vibrations, nous recourûmes à des instruments à vent conçus tout exprès. J'ai dit plus haut que tout ce qui nous est rendu possible aujourd'hui ne l'était pas à Verdi, mais les années *Othello* (jusqu'en 1887, trois ans à peine après cette lettre) font exception, car le compositeur jouissait alors d'une réputation qui, pour la première fois peut-être, lui permit d'exercer un contrôle attentif sur la mise en œuvre de ses mélodrames. La différence d'intonation est donc très faible, au point que l'on puisse douter que le public s'en aperçoive ; ce qui change, c'est la couleur de l'orchestre : un son mat, moins brillant, une couleur dense qui, à n'en point douter, était le but recherché par le maestro. (De nos jours, pour obtenir cet effet, on hausse le diapason. Même le Philharmonique de Vienne a longtemps fonctionné avec un diapason très haut, c'est seulement depuis peu qu'ils ont pris le chemin inverse.) Hors du théâtre, tout le monde en ville était devenu expert en diapason et se risquait à donner son avis avec une franchise qui ne serait pas la mienne si je m'avisais de parler soudain ophtalmologie ! On entendait dire que c'était pour le confort des chanteurs : rien de moins vrai. Un décalage aussi net et constant n'est pas pour inquiéter un ténor ou une soprano.

La grande difficulté était de trouver un nom pour le protagoniste. Je pensai tout de suite à Domingo. J'avais

1. On sait que le diapason standard est réglé sur 440 Hz.

2. *Carteggio Verdi-Ricordi*, II, EDT, Torino, 1994.

fait sa connaissance à l'occasion d'*Aïda*, à Vienne, en 1973, et nous avions travaillé ensemble pendant des années. Fort heureusement, il accepta. La mise en scène de Graham Vick, caractérisée par un grand cylindre central, portait la signature de l'artiste authentique dès l'ouverture du rideau. Vick a pour constante d'occuper la scène de façon à offrir une vision schématique de l'intrigue à un public qui, par la force des choses, n'en a le plus souvent aucune notion. D'emblée, il vous met sous les yeux son élément de référence. Il me semble que c'est une façon très efficace de séduire les spectateurs. Nul besoin qu'ils comprennent tout immédiatement : ils apprendront ce qui se passe à mesure que se succéderont les actes et les situations ; cependant ils disposent d'une sorte de boussole ou, pour mieux dire, d'un véritable phare, étant donné les dimensions monumentales de cet élément. Quatre ans plus tôt, en 1997, nous avions déjà monté *Macbeth* ensemble à la Scala. Vick avait dressé au milieu de la scène un cube multicolore, sorte de site mental et de paysage psychologique. Ce choix me rappelle la notation de Proust sur les grands artistes qui tous répètent si souvent les mêmes choses, ou encore le donjon si important dans les romans de Stendhal. J'ai d'ailleurs vu l'enregistrement d'une *Hermione* mise en scène par Vick, dans laquelle une grande tour d'acier occupait tout le plateau. En définitive, ce fut un large succès pour Domingo, même si un malaise l'obligea à interrompre son deuxième récitatif dans le deuxième acte.

À *Othello*, il ne pouvait en être autrement, succéda *Falstaff* en 2004. J'étais jeune lorsque j'en avais parlé avec Gui à Florence. Il m'avait dit :

— Quand tu le dirigeras, surtout n'oublie pas que c'est un opéra de chambre.

Il me conseillait de conserver une certaine légèreté, cela même dès les premières mesures, au moment du *fortissimo* de tout l'orchestre, quand le risque est quasi inévitable de faire gros et lourd. À la Scala (mise en scène de Strehler), et lors de la reprise à Busseto (mise en scène de Cappuccio, mais avec le déroulement toscaninien prévu pour cette même ville en 1913 et 1921), je me pliai à ce principe. J'ai une affection particulière pour le *Falstaff* que nous donnâmes en province ; en effet, sans modifier le nombre d'instruments, je réduisis les cordes (cinq premiers violons, cinq seconds violons, quatre altos, trois violoncelles et deux contrebasses) afin d'obtenir la formation idoine pour faire fonctionner cet opéra au mieux ; avec cette réduction, on obtient une partition véritablement projetée vers le XXe siècle, quelque chose qui possède *ante litteram* un goût déjà stravinskien.

Pour le rôle principal, je découvris l'excellent Ambrogio Maestri et sa voix franche de baryton italien (un peu du même type que celle de Giangiacomo Guelfi) : il avait l'intelligence du rôle, ainsi qu'une légèreté impondérable. Il est aujourd'hui encore, dans tous les théâtres du monde, ce qu'un directeur d'orchestre peut espérer de mieux pour le rôle de Falstaff. Je fus impressionné, dès l'audition, quand il chanta l'air « *Eri tu* » du *Bal masqué*. À la pause, je courus l'interroger sur ses impressions. Se tournant vers moi, avec un geste caractéristique de son personnage, il me répondit avec l'accent de Pavie :

— Maestro, si vous continuez ainsi, nous sommes bien partis pour faire un joli petit spectacle !

Les journaux parlèrent abondamment de mon *Don Carlos*, en partie du fait des mésaventures de Pavarotti. On associait le nom de ce grand ténor au satiné de certains de ses incroyables aigus, mais il existait aussi un Pavarotti moins spectaculaire, plus délicat, doté d'un remarquable sens du phrasé. Il n'est pas juste de faire du célèbre « *Vincerò* » son emblème, comme ce fut le cas lors du Mondial de football 1990, mais aussi à son enterrement, en septembre 2007. (À titre personnel, j'aurais plutôt choisi un autre air, ou du moins j'aurais apprécié d'entendre aussi sa voix dans « *Ma Lassù ci vedremo* »). Quiconque l'a entendu à la Scala en 2005 se rappellera la couverture de sa voix dans le *pianissimo*, son élégance, son expression : impossible de ne pas lui reconnaître une qualité qui lui est trop souvent refusée, quand l'assurance et le feu de ses prestations ne nous l'occultent pas.

Pavarotti hésita, mais je finis par le convaincre, et il se plongea pour moi dans l'étude de l'œuvre. Il assista aux répétitions avec beaucoup de sérieux, de discipline et de bonne volonté, y compris lors des parties orchestrales. Il se donnait à fond et, quand survenait un trou de mémoire, il ouvrait la partition qu'il avait sous le bras en permanence. Son attitude innocente – il se croyait entouré d'amis et de personnes bienveillantes ! – déclencha une rumeur prétendant qu'il ne connaissait pas cet opéra et rencontrait toujours plus de difficultés à chaque nouvelle répétition. Au point que ceux qui ne l'aimaient pas – nous avons tous nos amis et nos ennemis, nos fidèles fanatiques et nos détracteurs – se trouvèrent renforcés dans leur sentiment. Aujourd'hui encore, l'idée m'attriste beaucoup que l'on puisse rabaisser ainsi un artiste qui avait le courage de se présenter aux yeux de tous partition en main. Richter lui-même, devenu vieux, ne jouait-il pas avec ses partitions ? Me dira-t-on qu'il n'était pas un pianiste de premier ordre ?

Le soir de la première, au moment d'un aigu, sûrement un *si* naturel, la note craqua. Une partie du public protesta vivement. Le théâtre étant surchauffé, même les autres chanteurs firent les frais de ce petit incident. Je jugeai et je continue de juger partiellement injuste cette réaction à l'égard d'un artiste qui était alors *le* ténor. Seule l'Histoire est à même de porter un jugement, bon ou mauvais, sur cet interprète. Mais à ceux qui l'écoutent, le disque apporte la preuve de la qualité de sa prestation. Nul n'est parfait ici-bas, mais, d'un point de vue artistique (celui de la quête du personnage), nous avions affaire à une performance qui ne mérite que des louanges. Il n'est pas trop tôt pour le dire.

Luciano, en outre, avait un grand cœur. Nous apprîmes un jour qu'une association cherchait à venir en aide aux toxicodépendants dans la province de Forlì. Le prêtre qui dirigeait cette association demanda à Cristina de tout mettre en œuvre pour surmonter les obstacles. Elle appela Luciano et pensa à moi comme pianiste. Luciano chanta sans réclamer une lire et nous donnâmes au palais des sports de Forlì un concert dont il existe des enregistrements professionnels (jamais publiés, car nous ne voulions pas qu'ils servent à des fins commerciales). Le premier morceau était l'air « *Che farò senza Euridice* » de Gluck. J'en garde un frisson car je craignais que ce choix fût par trop éloigné du répertoire et du style habituels de Luciano. Puis vinrent Tosti, Cilea et Puccini dans lequel il fut éclatant. L'homme, on le voit, savait aussi faire preuve d'une grande humanité.

L'incident injuste qui avait marqué *Don Carlos* me déplut, y compris du point de vue du spectacle lui-même. Une mise en scène de Zeffirelli, une distribution superlative : nul doute qu'il s'agissait d'un spectacle « important ». Mes relations avec Pavarotti, ténor célèbre dans le monde entier, demeurèrent excellentes. Il ne faut pas faire grand cas des frictions nées vingt ans auparavant, lorsque nous montions *Les Puritains* pour la Scala et que j'avais tout laissé tomber la veille de l'avant-dernière répétition…

Il me faut évoquer maintenant la journée du 2 juin 1995, lorsqu'une grève me contraignit à « diriger » tout l'« orchestre » de *La Traviata* au piano. L'événement fut relaté par les médias du monde entier, y compris la feuille locale de San Antonio, au Texas. Voici les faits. C'était un vendredi. Le théâtre était comble, notamment d'étrangers. La période était marquée par une certaine agitation syndicale, qui ne trouvait pas de solution. Le matin même, les musiciens s'étaient réunis en assemblée, ce dont j'avais tenté de les dissuader, par respect pour le public. L'après-midi, ils rencontrèrent le maire Albertini, sans parvenir à un accord. Une demi-heure avant le lever du rideau, alors que les spectateurs commençaient à s'installer, j'appris de la bouche de Fontana, le superintendant, que la représentation était annulée pour cause de grève. Personne ne m'avait prévenu. Pour le reste, tout était en place : il ne manquait que l'orchestre. Mais que sont les chefs sans musiciens ? Des hommes muets – *muti*, en italien. Imaginez ma stupeur de me retrouver « *muti* », de fait et de nom ! Carlo Fontana monta sur scène, se présenta devant une fosse effroyablement vide et prononça avec peine ces quelques mots :

— Je dois malheureusement vous annoncer…

Cris furieux dans la salle ! J'étais dans ma loge, tiré à quatre épingles dans mon habit noir. Quant au public, il ne semblait manifester aucune intention de vider les lieux, mais plutôt d'y mettre le feu – en quoi je ne lui donnais pas tort. Le directeur du théâtre, le directeur artistique, divers fonctionnaires, tous faisaient la queue pour me prodiguer leurs conseils. Quelqu'un me suggéra de résoudre le problème en plaçant un pianiste dans la fosse, à la place de l'orchestre, face au pupitre ! Jugeant leurs conseils inadaptés, je m'enfermai seul dans ma loge, triste et affligé. L'orchestre se mettait en grève, alors que le reste de la troupe était prêt à entrer en scène ! Je sentais peser sur moi, qui n'avais commis aucune faute, une responsabilité vis-à-vis de l'opinion publique. Et je ne voyais quelle solution adopter. De temps en temps, je jetais un coup d'œil à l'écran de contrôle : une pagaille infernale régnait dans les loges supérieures, tandis que le parterre semblait une vallée où vaguaient des âmes errantes et déboussolées. Du fond du désespoir et de l'abattement, une voix me parvint, semblable à celle de Cristina, loin de Milan ce soir-là : « Riccardo… joue, toi ! »

Je me levai d'un bond et ouvris la porte en annonçant que je jouerais moi-même, au piano, la partie orchestrale. Je priai que l'on ne communique pas tout de suite l'information au public : je voulais d'abord m'assurer par moi-même que la chose était matériellement possible. Je me précipitai sur scène. Y avait-il un piano dans les coulisses ? On me répondit que celui qui servait d'ordinaire aux concerts était justement déplacé ailleurs ce jour-là. Panique ! C'est Gino Salvi, l'intendant de l'orchestre, et donc en charge de son organisation, qui vola à mon secours : il y avait un demi-queue, me dit-il, du côté des loges des chanteurs. Je courus l'essayer et vérifier s'il possédait ou non les qualités indispensables pour soutenir une pareille entreprise. Sans être l'idéal, c'était jouable. Je pris donc le parti de le faire transporter au milieu de la scène, tandis que le rideau demeurait inexorablement fermé. L'instrument fut disposé selon mes indications.

Surgit alors une difficulté imprévue : le piano glissait vers la fosse, à cause du plateau en pente ! Ce sont les machinistes qui s'en aperçurent. Ils jouèrent bien vite du marteau autour des roues pour y clouer des cales, parvenant ainsi à l'immobiliser. Mon cœur cognait de plus belle. Je l'ignorais, mais contrairement à mon souhait de ne pas annoncer la nouvelle au public, les ouvreuses avaient été expédiées dehors pour faire revenir ceux des spectateurs qui avaient gagné les restaurants alentour, croyant le spectacle irrémédiablement annulé. Elles coururent les inviter à regagner la salle. Les chanteurs étaient déjà en costume, de même que le corps de ballet et tous les artistes du chœur. Las, un nouvel imprévu nous attendait. Le choriste délégué s'approcha pour m'apprendre que le chœur tout entier contestait ma décision. À quoi je répondis :

— Peu m'importe, répondis-je. Si le public le veut, je jouerai. Quitte à me passer du chœur.

Et sur ce, les choristes – qui n'approuvaient pourtant pas la grève – quittèrent le théâtre ! Il ne me restait plus qu'à affronter les spectateurs dont j'entendais derrière le rideau le grondement pressant, pareil au « souffle impétueux de l'éternel orage[1] ». Quand j'apparus, il me sembla entendre les cris se cabrer en un *crescendo* soudain, puis se dissoudre avec une rapidité foudroyante dans la longue pause d'un lourd silence : chacun se demandait ce que j'allais dire. Alors, désignant la fosse qui n'avait plus rien de « mystique[2] », puisque vide tout bonnement (à l'exception de six musiciens non grévistes), je me tournai vers la salle et je lui fis part de tous mes regrets devant l'impossibilité où nous étions d'exécuter l'opéra dans sa version orchestrale. Le silence se fit plus écrasant encore. Après un moment qui me parut très long, j'avançai prudemment ma proposition : l'œuvre serait jouée par moi-même au piano – et par les chanteurs. Je priai le public de bien vouloir accueillir avec indulgence toutes notes susceptibles d'échapper au contrôle de mes doigts (même si je ne manquais pas d'entraînement, ayant l'habitude de passer des heures au clavier quand je répète avec les chanteurs). La réponse fut un cri de consentement unanime. Le corps de ballet n'avait pas quitté le navire : geste appréciable, tout au bénéfice de la soirée. Les danseurs s'assirent autour du piano dans les fauteuils et les divans prévus par la scénographie, et tout se passa comme si nous nous trouvions pour de bon dans le salon de Violetta Valéry[3].

Je commençai bien sûr par le prélude dont je dus sauter plusieurs passages, puisque le chœur était absent (« *Si ridesta in ciel l'aurora* », par exemple). La soirée

1. « *La bufera infernal, che mai non resta* » (Dante, *L'Enfer*, V, 31 ; tr. fr. L. Ratisbonne, 1854).

2. « *Golfo mistico* » est l'expression italienne désignant la fosse d'orchestre. (*NdT*)

3. Il s'agit bien sûr de la « Traviata » elle-même, personnage emprunté par Verdi à *La Dame aux camélias* d'Alexandre Dumas, qui lui-même avait pris modèle sur la courtisane bien réelle et « de haut vol » Marie Duplessis. (*NdT*)

obtint un grand succès et les chanteurs, électrisés par une situation pour le moins inhabituelle, se produisirent avec un entrain particulier. À la fin du deuxième acte, j'annonçai l'entracte au public (comme dans une représentation normale). J'en profitai pour revoir dans ma loge les passages les plus exigeants de la partition, tout en bénissant mon vieux maître, Vincenzo Vitale, de m'avoir un jour familiarisé avec le piano, durant mes années napolitaines, grâce à son *do, mi, ré, fa* futuriste ! Pendant ce temps, le service de presse appelait la RAI pour lui annoncer un événement plus qu'insolite ; les télévisions accoururent pratiquement au son des sirènes, à la vitesse des pompiers ! À la fin, ce furent des applaudissements à n'en plus finir.

J'y avais cru de toutes mes forces et le public l'avait compris. Mais, la nuit venue, je n'étais pas heureux. Quelque chose me contrariait. Je fis convoquer pour le lendemain matin une conférence de presse que je tins seul dans la Sala Gialla – oui, le « salon jaune » historique cher à Toscanini, où sont apparus tant de chanteurs et de divas, à commencer par la Callas – une salle dont la démolition, voilà quelques années, sous prétexte de restructurer le théâtre, a constitué un crime insensé contre l'Histoire et contre la culture. Je me rappelle avoir dit qu'il était vain de vouloir me faire passer pour un héros victorieux car personne n'était sorti vainqueur de cette soirée, quoique riche en émotions ; il fallait la regarder comme un triste événement dont les victimes étaient le théâtre, l'orchestre, moi-même, Verdi et le public, à qui l'on n'avait proposé rien d'autre qu'une « réduction » d'opéra. J'expliquai aussi que mon intervention *in extremis* n'avait pas été dirigée contre l'orchestre, mais dictée par la volonté de ne pas gâcher l'énergie festive d'un public venu dès 20 heures emplir le théâtre et de rappeler à chacun qu'il n'est pas bon de bâillonner la musique. Je suis sûr aujourd'hui que, ce soir-là – en dépit des années heureuses qui suivirent et

Ma mère, Gilda Muti Peli-Sellitto.
(ph. Silvia Lelli)

Mon père, le docteur Domenico Muti,
en uniforme de sous-lieutenant. *(ph. Silvia Lelli)*

À l'école élémentaire de Molfetta, dont mon grand-père Donato

Le 15 mai 1952, âgé de dix ans, c'est en tant que violoniste que je fais mes débuts lors d'un concert à Molfetta, sous la direction de mon professeur, Aldo Gigante. *(ph. Silvia Lelli)*

Mon premier concert de lauréat du prix Guido Cantelli au théâtre Coccia de Novara, en 1967. *(ph. Silvia Lelli)*

En répétition, à la même époque. *(ph. Silvia Lelli)*

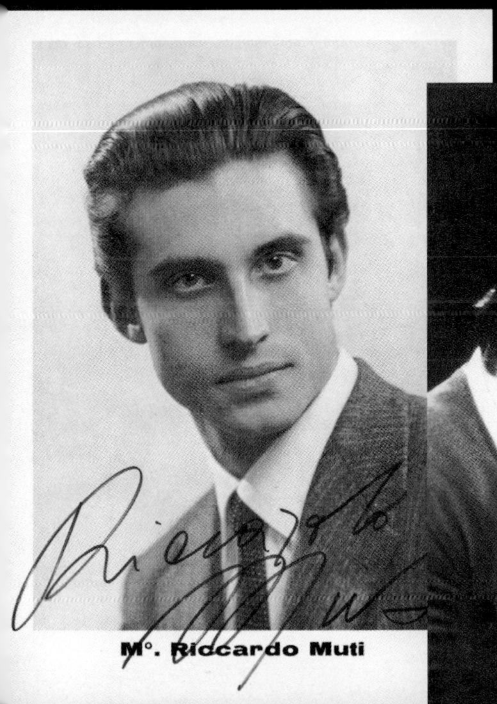

Portrait dédicacé,1968. *(ph. Silvia Lelli)*

Dans les années 1970, au bras de mon épouse Cristina, dans le jardin de notre maison à Ravenne. *(ph. Silvia Lelli)*

Avec mes trois enfants, dans ma loge de la Scala, en 1981. *(ph. Silvia Lelli)*

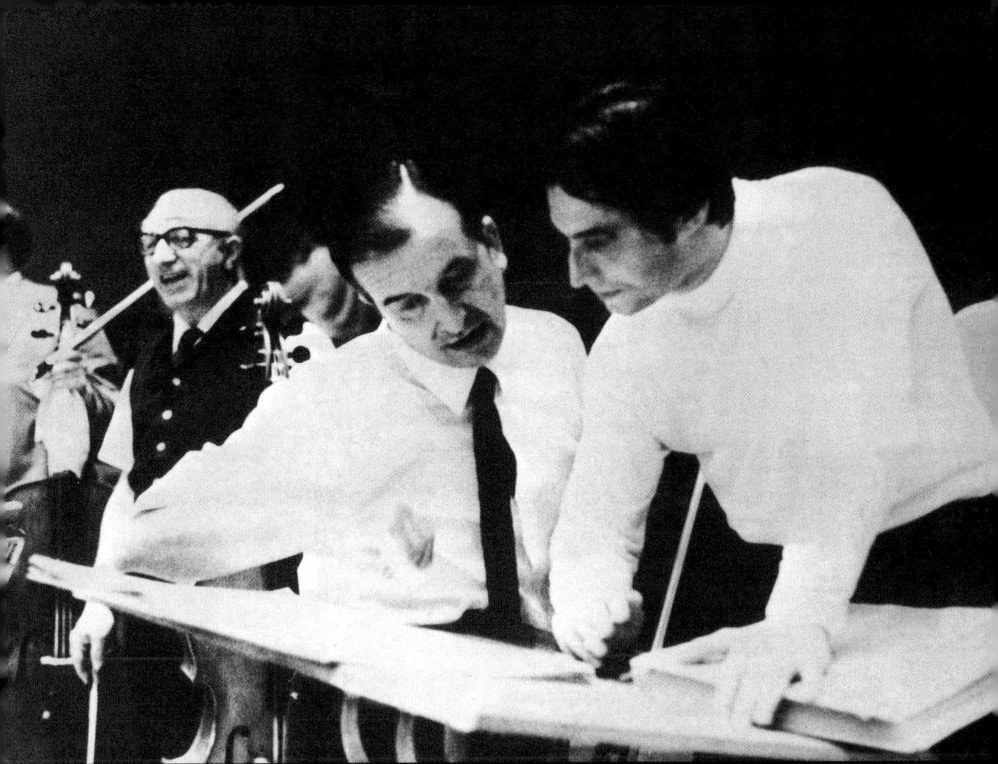

En répétition à la RAI de Rome, en 1969, pour un concert Prokofiev (***Symphonie n° 3***) et Chostakovitch (***Symphonie n° 13 « Babi Yar »***, sur des poèmes d'Evtouchenko traduits en italien pour l'occasion). On reconnaît le premier alto Cocco et, au second plan, le premier violon Selmi. ***(ph. Silvia Lelli)***

Répétition des ***Noces de Figaro***, dans une mise en scène de Giorgio Strehler pour la Scala, en 1981. ***(ph. Silvia Lelli)***

En concert avec Rudolf Serkin,
en janvier 1988, à Philadelphie.
(ph. Jean E. Brubaker)

Une rencontre avec Carl Orff, en 1980, dont je dirige les ***Carmina Burana*** avec le Berliner Philharmoniker. *(ph. Silvia Lelli)*

Au côté de Vittorio Gui, fondateur du Mai musical florentin, en 1969. *(ph. Silvia Lelli)*

Le Concert du nouvel an 1993, avec les Wiener Philharmoniker. *(ph. Silvia Lelli*

Au côté du pianiste Sviatoslav Richter, à Londres, pour l'enregistremen
du ***Concerto n° 3*** de Beethoven en 1977. *(ph. Silvia Lelli*

Face à Renata Scotto, en 1978. ***(ph. Silvia Lelli)***

Avec Jessye Norman, dans les années 1980, à Philadelphie. ***(ph. Silvia Lelli)***

En concert avec
le Philharmonique
de Philadelphie,
en 1988. *(ph. Silvia Lelli)*

Avec Sa Sainteté le pape Jean-Paul II. *(ph. Silvia Lelli)*

À la tête du Chicago Symphony Orchestra. *(ph. Todd Rosenberg Photography)*

Une photo dédicacée du pianiste Claudio Arrau, « en signe d'amitié sincère », à l'occasion d'un *Concerto n° 4* de Beethoven à Philadelphie, en 1984.
(ph. Silvia Lelli)

Le ***Requiem*** de Verdi à Busseto, avec le ténor Carlo Bergonzi. *(ph. Dalmazio Besagni)*

Mon épouse Cristina et moi-même aux côtés de Mikhaïl et Raïssa Gorbatchev, durant la tournée triomphale de la Scala en Russie en 1989. *(ph. Silvia Lelli)*

Avec mon grand ami Carlos Kleiber, en 1995, à Salzbourg. Nous nous sommes mutuellement dédicacé cette photo ! *(ph. Silvia Lelli)*

En concert à la Scala,
dans les années 1990.
(ph. Graziella Vigo)

qui furent aussi productives qu'avant –, quelque chose se brisa dans ma relation de confiance avec l'orchestre – tout au moins, avec une partie de l'orchestre.

Puisqu'il est question de la Sala Gialla, des grands artistes qui l'ont fréquentée et de l'amertume que m'inspire la destruction hâtive de ce lieu en 2002, je me dois de relater au moins un épisode, celui d'un adieu fidèle. Le théâtre étant fermé pour restauration, nous avions déménagé à l'Arcimboldi, mais je fus un des rares à conserver un bureau à la Scala. Les fauteuils du parterre démontés, la grande salle – une fois l'*iron curtain*[1] baissé – présentait une apparence spectrale, du fait que seul restait allumé le lustre appelé « *fiocco centrale* ».

Un matin, vint frapper à ma porte Valentina Cortese. L'actrice était une habituée des lieux, une passionnée aussi. Elle avait passé sa jeunesse dans les coulisses du théâtre et vénérait De Sabata, le grand chef d'opéra. Elle était légèrement vêtue de blanc et me confia sa souffrance de voir disparaître son vieux théâtre. Je l'accompagnai dans la salle. Elle s'arrêta à l'escalier latéral, le cœur serré. Je m'éloignai pour l'observer de loin. Je la vis se placer sous le double éclairage du lustre et, dans un absolu silence, se mettre à danser avec lenteur ; peut-être ne faisait-elle que se mouvoir dans ce théâtre à l'agonie, mais sur un mode quasi sacrificiel qui me rappela la « Danse sacrale » du *Sacre du printemps*[2]. J'ai quelque peine à décrire ce qui se produisit ensuite, ce fut comme dans un songe. Comme nous revenions à mon bureau, elle me pria de lui donner quelque chose en souvenir. Nous finîmes par aller en coulisses dénicher dans une loge – celle de gauche, où elle avait ses habitudes – une petite console habillée de velours

1. Ainsi appelle-t-on le rideau de sécurité en métal, un pare-feu spécial disposé entre le parterre et la scène.
2. L'épisode final du ballet de Stravinski, quand l'adolescente « élue » danse jusqu'à la mort et se sacrifie aux dieux.

rouge usé. L'objet, dénué de valeur, était promis à disparaître. Nous demandâmes l'autorisation de le garder et Valentina l'emporta chez elle. Quelques jours plus tard, je reçus d'elle une lettre qui commençait par ces épithètes affectueuses : « Superbe fils du Sud incandescent, mon ami désinvolte et si cher, maestro fascinant, irrésistible... » Elle me remerciait en termes véritablement poétiques, évoquant ses « poignants et délirants souvenirs d'harmonie qui vous consument l'âme », ajoutant que « parfois le flux musical né de l'orchestre était à ce point raréfié qu'il semblait jouer seulement de l'air et de la lumière, cependant que d'autres fois il était emporté par une succession spasmodique de notes brûlantes d'une violence rythmique si implacable que les accords semblaient des cris qui ne cesseraient plus. » « Vois, finissait-elle, sur cette petite console ont trouvé appui ma jeune vie, mes rêves, mes attentes, mes désirs et mes larmes. »

Pour ce qui est de la production moderne, je me rappelle avec une émotion spéciale *La Morte di Borromini* de Salvatore Sciarrino (avec pour récitant Tino Carrato). De nombreuses commandes furent passées à d'autres auteurs contemporains : Manzoni, Francesconi, Vacchi, Fedele, Sollima. Pour ce qui est de la production classique, la principale opération fut peut-être, en 1997-1998, le cycle complet des neuf symphonies de Beethoven. Pour retrouver une programmation similaire, il aurait fallu remonter bien loin dans l'histoire du théâtre. Par ailleurs, j'eus à cœur d'inscrire ce cycle dans un calendrier assez rapproché, afin de permettre au public de comparer et de se faire une idée.

Les tournées internationales de la Scala et de son Orchestre philharmonique l'ont conduite dans toute une panoplie de théâtres. Je me souviens par exemple d'un *Requiem* de Verdi à Notre-Dame de Paris (on avait installé un écran géant sur le parvis) ainsi que de concerts donnés de part et d'autre du mur de Berlin, encore debout à cette époque. Lors de mon premier voyage au Japon, j'étais avec Carlos Kleiber, qui dirigea *La Bohème*; nous avons noué à cette occasion une relation extrêmement amicale, restée intacte jusqu'à sa mort. Une photo de nous, prise à Salzbourg pendant une pause, alors que je répétais une symphonie de Bruckner avec les Viennois, nous montre assis dans la salle. Par plaisanterie, quand on nous demandait un autographe, chacun signait sous la photo de l'autre.

Notre activité discographique était intense. Nous avons énormément enregistré, la plupart du temps en public. C'est la forme que je préfère, surtout pour l'opéra. J'ai toujours trouvé terrible de devoir puiser son inspiration à la minute précise où le *producer* annonce : « *Stand by!* », puis : « *Ready!* », autrement dit, lorsque s'allume la lampe rouge. « *È strano... è strano...* », comme dirait la Traviata ! Ce qui est « étrange », c'est de devoir chanter ces mots à l'instant « T », juste parce qu'on vous l'ordonne... Et cet ordre vous arrive en anglais, par-dessus le marché !

Je n'insisterai pas ici sur une production de disques symphoniques qui fut assez riche. Il est cependant un rendez-vous que je considérais comme important : la diffusion de notre saison de concerts par la chaîne de télévision Rete4. Cette habitude s'est perdue après ma démission. Je dois dire que je n'en fus pas peu mécontent.

C'est lors de mes années Scala, enfin, que je fis en 2000 une rencontre exquise, celle de la reine Elizabeth II d'Angleterre. Je dirigeais un programme italien et anglais où j'avais choisi de faire figurer, certes pas par hasard, *In the South (Alassio)* de sir Edward Elgar. Après les applaudissements, le protocole – la rigoureuse étiquette du palais de Buckingham – prévoyait que je ferais à la reine une visite respectueuse ; c'est elle, au contraire, qui se présenta dans ma loge, un endroit que l'on atteignait au prix d'un parcours assez long et tortueux, voire dangereux pour une femme qui n'avait plus vingt ans. Dans l'urgence, j'interrogeai lord Weinstock : comment devais-je me conduire ? Il me suggéra de dire « *Ma'am* » plutôt que « *Her Majesty* ». Cela sonnait presque à mes oreilles comme un écho des Pouilles – quelque chose comme « *Mèemma mia*[1] *!* » – et je craignais qu'il ne me soit pas facile de le dire ! J'avais honte de le prononcer, mais voilà que j'entendais dans le couloir le bruissement de la reine approchant avec sa suite. Je me dirigeai vers le seuil en me rappelant qu'il y avait là une marche dangereuse. Je commençai en adressant un signe à la reine, tout en bredouillant quelques mots fort respectueux qui n'étaient cependant ni « *Ma'am* » ni « *Majesty* », mais plutôt – je redoutais qu'elle ne trébuche – l'indispensable « attention à la marche » ! La reine devait avoir compris que je n'étais pas doué pour les solennités. Sur les photos, on nous voit rire sans retenue. La rencontre devait durer sept minutes en présence d'Albertini, maire de Milan. Puis nous devions rester trois : la reine, le prince consort et moi. Je crois me rappeler que l'on me fut reconnaissant de ma période londonienne. Weinstock et sa femme entrèrent alors. Nous restâmes en tout vingt-trois minutes enfermés dans ma loge. La reine me laissa l'impression d'être une femme simple, assurément royale mais proche de son interlocuteur. Avant de prendre congé, elle me nomma chevalier commandeur de l'Empire britannique, ordre « excellentissime » dont elle est le chef. Le certificat de nomination fut expédié à Rome, au ministère, où il resta des mois en souffrance

---

1. Le protocole prévoit que l'on s'adresse à la reine en commençant par « *Your Majesty* », puis, dans le cours de la conversation, par « *Ma'am* » – à prononcer (et là, nous sommes vraiment à Molfetta !) comme « *ham* » [hæm], et non comme « *chum* » ou comme « *farm* ». On retrouvera ces indications p. 157 du *A-Z Modern Manners*, Devrett's Peerage, London, 2008.

avant d'être réexpédié à Milan ; et c'est le concierge de la Scala qui me le remit finalement en mains propres – *brevi manu*, comme dit la blague.

Tel un orage soudain, la conclusion de mes rapports avec la Scala fut tempétueuse, pour diverses raisons sans rapport avec l'entente artistique – laquelle n'a jamais cessé d'être excellente, avec l'orchestre comme avec le chœur. Je préfère n'y pas penser et me souvenir seulement d'une période merveilleuse dont chacun reconnaît qu'elle fut particulièrement vivante et durant laquelle ma vie fut intimement soudée à celle du théâtre.

8

L'esprit napolitain

S'il est un théâtre avec lequel j'entretiens depuis toujours une relation particulière – que rien ne distingue, en termes d'art, d'une curiosité purement humaine –, c'est bien le San Carlo de Naples. Notre premier contact remonte à l'époque de Pasquale Di Costanzo, son premier directeur de l'après-guerre. Il avait été nommé à ce poste par les Américains, alors qu'il gagnait sa vie en vendant des matelas. C'était un bel homme de grande taille, un commandeur au charme tout méditerranéen. Grâce à lui, l'institution réalisa des progrès qui firent grand bruit ; qu'il suffise d'évoquer l'année 1950, où *Wozzeck* fut donné pour la première fois en allemand sur une scène italienne, sous la baguette de Karl Böhm. Di Costanzo considérait le théâtre comme sa maison : non pas un royaume où exercer son despotisme, mais le simple objet de ses attentions et de ses sentiments les plus scrupuleux.

C'est lui qui m'invita après mon prix Cantelli. Je m'y rendis avec un programme Bellini, Tchaïkovski et Strauss. Du compositeur allemand, je choisis le difficile et très virtuose *Aus Italien*, surtout pour ses deux derniers mouvements, *Am Strande von Sorrent* et *Neapolitanisches Volksleben*, qui inclut une citation du très populaire *Funiculì-funiculà*, chanson de peu antérieure à la venue de Strauss en Italie et que le maître allemand intégra à son poème symphonique avec tout le ciment que l'on peut imaginer, dans une harmonisation manifestement teutonique (même si l'orchestre s'en libère par des traits rapides et électrisants). Le bon Di Costanzo ne voulut m'accorder que cinq répétitions ; je m'en plaignis, plaidant que c'était mission impossible, puisque le morceau ne figurait pas au répertoire de l'orchestre.

— Maestro, me répondit-il en napolitain avec aplomb et bonhomie, voyons un peu. La symphonie de Bellini, c'est de la bagatelle : en une minute, c'est avalé. Le *Concerto* de Tchaïkovski est au répertoire, je vous parie qu'une répétition suffira à mettre tout ça en place. Ensuite, Strauss : une répétition et l'orchestre vous jouera *À l'Italie.* En tout, trois répétitions : évitez, maestro, d'en ajouter une quatrième. Et, pendant la troisième, tâchez d'affirmer votre personnalité.

Il m'accordait la générale : je me hâtai de le remercier ! Et, de peur qu'il ne m'enlève une autre répétition, je pris mes jambes à mon cou.

On se mit au travail. La merveilleuse mélodie du premier mouvement, *Auf der Campagna* (« Dans la campagne »), respire un incomparable sens de l'atmosphère. Au deuxième mouvement, *In Roms Ruinen* (« Ruines de Rome »), les choses se compliquèrent un peu, mais nous allâmes de l'avant. Au troisième, intitulé *Am Strande von Sorrent*, je demandai :

— Le titre vous semble-t-il clair ?

— Vous croyez qu'on parle français ? me répondit un musicien.

C'était une blague. Je souris et traduisis : « Sur la plage de Sorrente. » Après quinze secondes d'un inquiétant silence au cours duquel tous pensaient évidemment à la même chose, un altiste se leva :

— Depuis quand y a-t-il une plage à Sorrente ?

J'en restai pétrifié : je venais de me rendre compte qu'en effet Sorrente est située dans une région escarpée où il n'y a pas de plage... Ce brave instrumentiste napolitain venait de prendre Strauss en défaut : les sonorités quasi impressionnistes de son mouvement décrivent une chose qui n'existe pas et qui, aux yeux de l'orchestre, devait passer soit pour une erreur, soit pour un mensonge. Le concert remporta un joli succès. Comme toujours, la rencontre avec le public fut particulièrement chaleureuse : nul n'ignorait que je suis né à Naples, à Chiaia, au 14 de la *via* Cavallerizza, d'une mère très napolitaine.

Avec les mêmes musiciens, je fus amené un jour à diriger *Ivan le Terrible*, de Prokofiev. Pour les besoins d'un disque, je m'étais servi, dans la scène finale, d'un enregistrement des vraies cloches du Kremlin. Je leur expliquai donc qu'il me fallait de vraies cloches. Lors de la répétition de lecture, comme nous arrivions à ce passage, me parvint un son qui ne peut être confondu avec aucun autre, celui d'un carillon tubulaire : « *Ting ! ting ! ting ! ting !* » Je m'arrêtai et m'exclamai :

— Ce sont vos cloches du Kremlin ?

Réponse dans l'émoi général :

— Hé, maestro ! Vous vouliez des cloches, non ?

— Ce n'est pas moi qui les veux, c'est écrit là !

— Eh bien, les voici !

— Non. Je veux de vraies cloches. Je vous l'ai dit.

Le directeur de plateau s'adressa alors à un technicien :

— Écoute. Il y a une feuille de cuivre, là-haut. Va me la chercher.

Et tout s'acheva avec le concours d'un « instrument », sorte de *Donnermaschine* qu'à l'évidence ils gardaient en réserve pour les coups de tonnerre wagnériens. En ce qui me concerne, ce sont là d'assez tendres souvenirs du plus beau théâtre du monde, établissement que Rossini eut l'honneur de diriger quelques années.

Les musiciens d'orchestre étaient des passionnés. Je me souviens d'un passage avec de longs *pizzicati*. L'art du *pizzicato* est moins simple qu'on ne l'imagine. Il ne suffit pas de pincer la corde avec le doigt et de faire « plim, plim, plim » ! Il n'en résulte aucune expression : comme j'ai eu l'occasion de le dire un jour en répétant les variations de l'*Eroica*, on croirait entendre quelqu'un jeter distraitement des cailloux dans un étang (« ploc, ploc, ploc ! »). Un vieux musicien du dernier rang s'adressa alors à ses camarades plus jeunes :

— *Guaglio', 'a carne!*

Autrement dit : « Avec la pulpe du doigt, les gars ! »

Ce monde merveilleux est aujourd'hui menacé de disparition. Aussi ces souvenirs sont-ils pour moi un enchantement. Pour moi aussi, ce lieu était un peu « mon » théâtre. J'en partageais le style, les réactions, l'*humour*[1] (même si j'appréciais moins d'autres aspects). J'y dirigeai *Macbeth* en 1984 dans une mise en scène de Sequi et une scénographie de Manzù, lequel choisit une dominante de blanc qui, par antithèse, se transformait en nuance funèbre. Au terme d'un travail particulièrement intense avec l'orchestre, nous obtînmes un résultat d'une correction irréprochable, techniquement parlant.

J'y suis revenu avec l'Orchestre de Philadelphie, les musiciens du Wiener, la Philharmonie de la Scala et – plus récemment – avec le Berliner Philharmoniker. Tous m'ont dit leur stupéfaction devant la splendeur et l'efficacité acoustique de la salle ; j'en ressens chaque fois une fierté intime et ma conviction n'en est que renforcée : cette salle est la plus belle du monde, et toute l'histoire de l'opéra – celle des lieux et de la tradition – est une histoire italienne. Nous n'avons pas, en Italie, de point de repère unique (comme Covent Garden à Londres ou le Palais Garnier à Paris), mais d'innombrables salles pour lesquelles Bellini et ses pairs ont écrit des œuvres destinées à ce qu'il est convenu d'appeler de nos jours des « premières créations mondiales ». À nos yeux, il paraît inadmissible de prétendre que seules deux ou trois institutions méritent d'être défendues. Tous les grands

1. En français dans le texte. (*NdT*)

théâtres historiques – Turin, Gênes, Venise, Bologne, Florence, Palerme, Catane, etc. – doivent être traités sur un pied d'égalité. N'en sauver qu'un ou deux est une attitude anti-historique qui revient à tuer dans l'œuf notre orgueil de demain, à nous qui sommes citoyens du « pays de l'opéra », comme disait Barilli. Ce pays que je nomme, pour ma part, la terre des théâtres lyriques.

9

Rencontres

Mes voyages m'ont donné l'occasion de bien des rencontres. Pourtant, lorsque je pense au travail du musicien, je ne vois que la solitude. Comme une mission, un sacrifice. Le musicien est seul : dans la quête interprétative, face à la partition et à son devoir de la communiquer à l'orchestre, puis de la faire passer de l'orchestre au public. Je songe à la solitude de la loge, avant le concert comme après, quand on le revit mentalement, dans une quête infinie de la perfection.

Depuis quelque temps, dès que j'ai une journée de libre, je pars seul dans les Pouilles revoir ses oliviers séculaires, sa terre rouge, les châteaux de Frédéric. J'y retrouve les visages et les voix de mon passé ; je m'arrête et j'écoute les silences qui deviendront source d'inspiration pour la musique.

Cette solitude, je la recherche. Elle m'a toujours accompagné dans mes voyages, telle une amie à qui dévoiler tant d'aspects de moi-même. À ma fille Chiara, lorsqu'elle décida un beau jour de se lancer dans la carrière théâtrale, j'écrivis ceci : « Si tu ne réussis pas, attends-toi à une vie de solitude et de désillusion ; et, si tu réussis, à une vie de solitude et de travail. » Ce qui ne signifie pas que ma carrière m'ait empêché de croiser quelques êtres hors du commun, dont j'ai plaisir à évoquer le souvenir dans ces pages.

J'ai plusieurs fois rencontré Jean-Paul II, la première lors d'une visite qu'il fit à la Scala. Mais il n'était pas présent à la chapelle Sixtine quand j'y dirigeai le *Salve Regina* de Porpora : malade, il assista au concert depuis son appartement, grâce à la retransmission. Il était différent de Montini[1], pape austère ; bien plus communicatif, d'une humanité qui le grandissait, il était à la fois simple et chaleureux. Je n'ai pas encore eu l'occasion de rencontrer Benoît XVI ni de diriger pour lui, mais je sais qu'il a suivi en mélomane quelques-uns de mes concerts à Munich et à Salzbourg. J'ai rédigé naguère une courte préface à son livre *Lodate Dio con arte*[2]. Je l'ai fait de bon cœur car il consacre de nombreuses pages de cet essai à déplorer sincèrement la décadence actuelle de la musique sacrée : tant de notes superficielles et convenues, sur des paroles qui ne le sont pas moins.

C'est un vrai péché que d'avoir renoncé à la grande tradition séculaire italienne, de Palestrina à Perosi, surtout dans un pays où l'on chercherait en vain un patrimoine populaire noble et vigoureux comme le sont les *spirituals*, par exemple, pour les fidèles noirs américains. Hélas ! nombre de prêtres, de nos jours, n'en sont pas convaincus. Il faut renouer *sic et simpliciter* avec la musique sacrée du passé, et sans aucun scrupule vis-à-vis du texte latin ! Il y a là, selon moi, une nécessité. La langue conserve ce climat mystique qui habitait les églises – ce climat même dans lequel j'ai grandi sans jamais avoir souhaité le rationaliser. Qu'importe si les anciens estropiaient le texte, en fonction de leur dialecte, quand ils récitaient le « *Dies irae, dies illa* », et s'ils ne comprenaient pas la signification profonde de ce qu'ils disaient. Il est certain que leur attitude était « religieuse », au sens littéral : faite de respect et de crainte (*sacer et religiosus*, comme disaient les Latins : sacré et religieux, comme une sorte de tabou).

1. Paul VI. (*NdT*)

2. Marcianum Press. « Louez Dieu avec l'art », traité « sur la musique et le chant » dans ses rapports avec la foi. (*NdT*)

Ce qui, en définitive, était préservé, c'était le contenu émotionnel ou psychologique du texte. Jamais je ne songerais à faire de la musique sacrée, ancienne ou classique, avec le texte traduit en italien : si réussie soit-elle, la traduction ne peut restituer ce mysticisme qui me fascine. Oui, je suis pour la messe en latin, non que je sois un conservateur rétrograde, mais par nostalgie autobiographique. Le texte latin (jusque dans le très ordinaire *Pater noster*) offre à l'attention du croyant des concepts inépuisables et complexes qui laisseraient quiconque pantois. À l'église, bien souvent, les gens ne pensent pas strictement à ce qui est dit : ils prient et c'est tout. À la rigueur, on pourrait proposer une traduction en regard – à la façon des surtitres qui défilent aujourd'hui dans les théâtres. Lors du rituel, alors que chacun cherche à scruter les abysses de son âme, à quoi bon connaître la signification exacte des mots « *Ave verum corpus natum de Maria Virgine*[1] » ? Voilà pourquoi je me suis permis d'ajouter quatre pages à celle du pape Benoît XVI.

Parmi toutes les voix, c'est avec une affection spéciale que je me souviens de Renata Tebaldi. Elle venait très souvent à mes répétitions. Seule, très belle, elle s'asseyait au fond du parterre. Plus d'une fois je suis allé bavarder avec elle pendant la pause. Elle me disait son grand regret de n'avoir jamais travaillé avec moi. Je le partageais pleinement, car Renata était une artiste éclatante, dotée d'une voix sans doute unique. Elle me fit cadeau, un jour, d'une lettre de Verdi qu'elle conservait sur son piano depuis des années.

Je n'ai malheureusement pas eu la chance de connaître celle qui était regardée comme sa rivale, mais je dois mentionner un épisode à son sujet. En 1974, alors que je projetais de diriger le *Macbeth* qui fut monté

1. Le maestro Muti ne nous en voudra sans doute pas de les traduire néanmoins : « Salut, vrai corps né de la Vierge Marie. » (*NdT*)

l'année suivante à Florence, c'est la Callas que j'avais en tête ; si fulgurante était son interprétation au disque, avec De Sabata, que je ne pouvais tout simplement pas imaginer une autre qu'elle. Ce n'était qu'un vœu pieux : Maria Callas ne chantait plus d'opéras entiers depuis huit ans, et je me doutais bien qu'il était illusoire d'espérer la faire remonter sur scène. J'avais pourtant ce rêve de voir renaître la grande actrice qu'elle était. N'est-ce pas Verdi qui pensait que l'opéra se chante moins qu'il ne se récite avec l'âme ?

Un soir que j'étais à Philadelphie, le téléphone sonna et j'entendis une voix très chaude, mystérieuse, profonde, envoûtante, me dire :

— Vous ne me connaissez pas, maestro, mais je sais que vous cherchez à me joindre.

Elle joua à ce petit jeu pendant une minute. Je n'eus pas le courage de lui répondre un banal : « Qui êtes-vous? »

— Je suis Maria Callas, me dit-elle enfin.

Quelques jours plus tôt, j'avais parlé à quelqu'un de chez EMI et Angel Records, lui demandant son aide pour le rôle en insistant sur le thème : quelle merveille si la Callas acceptait ! Étant un ami proche de la chanteuse, il lui en avait touché un mot. Et la Callas s'était prêtée à ce jeu sympathique :

— Cela me fait plaisir que vous ayez pensé à moi, poursuivit-elle.

Puis elle ajouta, sur le ton de Violetta dans le dernier acte de *La Traviata* :

— Il est tard.

Je ne l'ai jamais connue, mais j'ai encore à l'oreille cette voix féminine ; elle compte pour moi comme le souvenir d'un secret commun qui m'accompagne, tel un bien précieux. Penser qu'elle s'est adressée à moi par le simple truchement d'un fil téléphonique : *Ordet*[1], la « Voix »…

1. Le célèbre film de Carl Dreyer (1955).

Arthur Rubinstein est un autre de ces géants d'autrefois – le temps passe, *quae labitur hora* – avec qui je fus, hélas ! empêché de travailler. Mais on m'a dit qu'il fut le premier à se lever pour applaudir les dernières notes du premier concert que je donnai avec l'Orchestre national de France.

J'ai plaisir à évoquer le souvenir de Cesare Siepi. Sa carrière était bien avancée lorsque je le rencontrai. Lui aussi est de ces artistes qui m'ont frappé par leur refus de rien céder au goût immédiat du public, s'il devait les éloigner de la noblesse d'interprétation dont ils se faisaient une règle. Je retrouvai des qualités analogues chez Nicolai Ghiaurov, mon Attila florentin, personnage dont il était impossible de ne pas ressentir le charisme dès son entrée en scène. Je songe, disant ces mots, au respect et à la stupeur qui saisissaient chaque fois les choristes. Hélas ! dans les métiers de la scène, il semble que la comparaison fasse partie du patrimoine génétique. Encore une fois, on s'y livra sans retenue. Qui était le meilleur ? Nicolai Ghiaurov ou Boris Christoff ? Ce dernier, à la vérité, était venu à Florence bien avant, même si certains ne l'avaient pas entendu. La question était débattue avec une fougue et une opiniâtreté qui n'étaient pas sans rappeler les débats opposant autrefois les supporters de Coppi et de Bartali.

C'est aussi avec un plaisir tout particulier que je me souviens de Christa Ludwig, que le public viennois plaçait au rang d'une reine. À Vienne, justement : nous venions d'interpréter les *Rückert-Lieder* de Mahler. Elle avait reçu un bouquet de roses rouges et s'était avancée pour recevoir seule les applaudissements. Puis nous fûmes ensemble à la rampe. J'aperçus alors sur ma partition une rose rouge. Déposée par ses soins, bien évidemment.

Giuseppe Di Stefano, ce généreux chanteur qui inspirait si souvent au public des manifestations d'irrépressible enthousiasme – il comptait parmi ses fans Carmelo Bene qui, dans ses écrits, l'appelle « Pipo » et lui consacre même tout un chapitre : « *Palco di prosa*[1] » (« Prose sur scène ») –, n'a chanté dans aucune de mes représentations. Ce qui ne l'a pas empêché de collaborer avec moi *in absentia* – et je veux raconter cet épisode. Nous sommes à Londres, c'est mon premier enregistrement de *La Traviata* avec pour principaux interprètes Renata Scotto et Alfredo Kraus. Je résiste à la pratique du *play-back*, procédé consistant à remettre aux techniciens une « base » qui contient toute la partie orchestrale, afin qu'ils l'ajustent sur les prises des chanteurs. Je tiens en effet au *hic et nunc* de l'exécution. Or je ne suis convaincu par aucune des sept personnes qu'EMI m'a envoyées pour chanter le texte du deuxième acte, « *la cena è pronta* ». On est au milieu du vortex dramatique, l'orchestre joue encore la musique du jeu et, bien qu'il n'y ait que quatre mots à prononcer, ils doivent refléter la couleur de ce cercle diabolique. Puisque ces personnes ne me conviennent pas, on me demande de chanter le texte moi-même, sous couvert d'anonymat. Sauf que ce n'est pas mon métier ; je savais en outre que l'histoire ne manquerait pas de circuler partout dès le lendemain ! C'est ainsi que j'accepte le *play-back*, pour ces deux mesures uniquement ; il ne me reste plus qu'à quitter Londres en priant John Mordler, un ami cher, de me dénicher la voix adaptée. Après quelques mois, John m'appelle et m'apprend que le problème a trouvé une heureuse solution. Giuseppe Di Stefano se trouvait à Londres, quasi par hasard : c'est lui qui a chanté le morceau. Et, pour me faire honneur, il a demandé pour tout salaire une bouteille de champagne ! Ceux d'entre vous qui ont ce disque savent maintenant de quel tonneau provient cette minuscule intervention vocale dans la maison de Flora…

Un problème analogue se posa – alors que nous étions à Londres, loin au-delà des Alpes, à deux mille

1. Carmelo Bene, « Sono apparso alla Madonna », in *Opere*, Bompiani, Milan, 1995.

kilomètres de la Sicile ! – pour le finale de *Cavalleria*. L'air « *Hanno ammazzato compare Turiddu* » est un morceau que seule une femme du Sud, probablement, est à même de bien chanter. Je fis des essais pour rien. Vint enfin le jour où John Mordler et moi pénétrâmes dans les studios de la Scarlatti, à Naples, avec la bande enregistrée. Nous avions fait signe à une célèbre et populaire actrice napolitaine, Isa Danieli. Au moment de l'air en question, elle poussa un tel cri que les ingénieurs du son – tous anglais – sursautèrent derrière leur vitre comme emportés par une avalanche. Pas plus que pour *La Traviata*, il ne s'agissait de pédanterie de ma part : l'idée était de restituer cette précision d'écriture seule apte – au bout d'une minute – à donner le frisson à la fin de l'opéra de Mascagni.

Nicolai Gedda était à mon côté dans *Les Puritains* et dans un *Tell* qui ne bénéficia, hélas, que de deux représentations. Dans l'opéra de Bellini, la sortie « *A te o cara* » devient un *lied* d'une grande noblesse qui, pour la première fois, offre à entendre un contenu nouveau : l'amour apportera la paix entre les deux factions. Gedda conféra à la mélodie une telle sérénité qu'elle me parut emplir tout le théâtre. Cohérente aussi fut l'approche de l'aigu (« *se rammento* ») – j'entends : cohérente avec Bellini, qui indique le *ritardando* (« *stentando* », écrit-il : « avec peine ») aussitôt après et non pendant la note la plus haute, ce qui exclut – en supprimant le retard sur le *do* dièse – toute atténuation du caractère virtuose et « ténorien ».

Chez les solistes, j'ai compté un grand ami en la personne de Sviatoslav Richter. Il adorait ces morceaux à grand effet orchestral et rarement donnés. C'est qu'il nourrissait une passion, en public comme en privé, pour l'inattendu : il avait grand soin de fuir toute opinion qui ressemblât un tant soit peu à une *idée reçue*[1]. Lorsqu'il

1. En français dans le texte. (*NdT*)

nous arrivait d'être invités ensemble, si quelqu'un, par exemple, faisait l'éloge – trop prévisible – de Masaccio ou de Raphaël, lui sortait son Sassetta[1] ; s'il était question de villes et que l'on citait Florence, Sienne, Rome ou Venise, il se délectait d'évoquer, avec un snobisme subtil, des villages dont nul n'avait jamais entendu parler. Une fois, il lâcha avec candeur : « Norcia ! », nom d'un patelin en Ombrie. C'était la même chose en musique : il aimait la « surprise », toujours en quête d'une cadence, d'une modulation susceptible de surgir à l'improviste et sur laquelle il se concentrait. Il lui fallait aussi de la surprise dans la vie même. Un jour qu'il avait apporté des fleurs pour ma femme, Cristina, il défit l'emballage en plastique et cacha le bouquet dans son dos pour le lui offrir au tout dernier moment, en un geste inattendu d'une suprême élégance.

Richter, un jour, me bouleversa. C'était en gare de Gênes, après un concert. Nous avions joué la veille le *Concerto pour la main gauche* de Ravel. Or il avait eu un trou de mémoire. J'avais réussi à garder le contrôle de l'orchestre et il s'était repris, évitant un accident qui n'aurait pu échapper au public. L'épisode l'avait beaucoup perturbé et, pour reprendre confiance, il m'avait demandé de rejouer en *bis* tout le *Concerto*, lequel dure moins de vingt minutes et auquel le public avait fait un triomphe. Pendant les applaudissements qui n'en finissaient plus, alors que j'étais en coulisses avec le soliste, des membres de l'orchestre étaient venus nous dire qu'ils ne souhaitaient pas rejouer le morceau. Je les avais alors menacés d'en discuter *coram populo* – devant le public ! La fronde cessa, nous retournâmes dans la salle et tout se passa au mieux. Et le lendemain, comme nous attendions notre train pour Florence, Richter s'approcha de moi, me demanda la partition, en tourna les pages,

1. Stefano Di Giovanni, dit « Il Sassetta », artiste qualifié de « gothique », dont le Louvre possède une célèbre *Vierge à l'Enfant avec six anges*. (*NdT*)

s'arrêta exactement à l'endroit où s'était produit son trou et y inscrivit soigneusement son nom.

— Je veux qu'il y ait là ma signature, dit-il, pour que tu te souviennes toujours qu'à cet endroit je me suis TROMPÉ.

Exemplaire leçon d'humilité d'un artiste de cette dimension.

Il me plaît aussi de rappeler le souvenir de Robert Casadesus avec qui je fis, très jeune, le *Quatrième Concerto* de Saint-Saëns pour la RAI de Milan. Existaient encore à l'époque ces grands complexes comme, à Naples, la Scarlatti ; je connaissais très bien cette salle car, étudiant, j'allais y assister aux répétitions de ces géants qui avaient noms Pierre Monteux, Sergiu Celibidache ou Charles Munch. Je n'oublie pas l'Orchestre de Rome, avec lequel j'ai travaillé étant jeune et qui comptait d'authentiques champions comme Severino Gazzelloni, Domenico Ceccarossi, Giuseppe Selmi et Angelo Stefanato. Aucun de nous n'aurait imaginé que des complexes aussi charismatiques pourraient disparaître un jour du sol italien, au terme d'un infâme coup tordu ! Infâme et insensé, puisque l'on augmentait en même temps le nombre de conservatoires produisant des diplômés qui, à la fin de leurs études, seraient jetés à la mer, loin de toute côte…

Assis au côté de Casadesus, j'avais tout à apprendre. J'ouvris la partition. Sur la deuxième page de couverture, je vis du coin de l'œil une liste de noms et de dates remontant au début des années 1930. Je lorgnai l'endroit où Casadesus avait inscrit ses exécutions, dans une belle calligraphie ancienne, pour tomber – par « malchance » ! – sur le premier nom : Arturo Toscanini. Passé l'instant de crainte respectueuse, ce fut une superbe expérience : sa gentillesse, son humanité n'avaient d'égale que sa grandeur. Il est l'un des solistes de haut vol avec lesquels j'ai eu la chance de travailler dès le début de ma carrière.

pg. 33

Maurice Ravel

CONCERTO

pour la main gauche

pour

PIANO et ORCHESTRE

MR

Piano principal (avec deuxième piano pour réduction de l'orchestre). . . . .
Deux pianos. . . . .
Partition d'orchestre . . . .
Partition in-16 . . . .
Parties d'orchestre . . . .
Chaque supplément . . . .

DURAND & Cie, Éditeurs - PARIS
4, Place de la Madeleine, 4
United Music Publishers Ltd. Londres
Elkan-Vogel Co., Philadelphia, Pa (U.S.A.)

33
Cl
Clar. in La
Clar. B. in La
Fag.
C.Fag.
Piano solo
Viol.
Viole
Vlc.
C.B.
Div.
16
Unis
Sviatoslav Richter
N.B. La firma di Richter fu posta dal pianista a Genova dopo una esecuzione di questo concerto — Richter ebbe un'amnesia in questa battuta e volle firmare la battuta
nell'inesistente perchè io ricordassi sempre il suo errore ogni qualvolta avessi diretto questo concerto — R. M.

Pour ce qui est d'Emil Gilels, je me souviens que nous avons exécuté ensemble l'*Empereur* à Berlin avec la Philharmonie. À l'attaque du deuxième mouvement, il adopta un tempo si lent que chaque note semblait succéder avec peine à la précédente. Les musiciens échangeaient des regards perplexes. À la toute fin seulement, je l'interrogeai sur l'*Adagio un poco mosso*: pourquoi donc le concevait-il aussi long?

— C'est bien ainsi, me répondit-il en fixant dans le vide infini le regard d'un homme qui n'était plus de ce monde. Les notes doivent être des étoiles que l'on voit briller au firmament, les unes près des autres.

Il mourut quelques mois après et, quand me parvint la triste nouvelle, j'eus honte de n'avoir pas compris tout de suite sa souffrance : il regardait déjà la musique depuis un autre lieu. Il avait accompli son parcours et savait, en disant ces mots, qu'il était arrivé au bout du chemin ; il n'était plus le volcan que j'avais connu autrefois.

Autre volcan: Paul Tortelier – et en activité permanente, même pour dire un simple bonjour. Une fois, au Royal Festival Hall, alors que nous répétions le *Concerto* de Dvořák, sous le coup d'une irrépressible bouffée d'enthousiasme, l'archet de son violoncelle s'envola pour atterrir dans la salle ; il laissa ensuite exploser un très attentionné: « Pardon! » Il jouait comme s'il improvisait, même si jamais ne lui faisait défaut la maîtrise de la forme.

Je garde un souvenir analogue de Rudolf Serkin à Philadelphie: au début de l'*Empereur*, il flanquait des coups de pied au piano chaque fois qu'il devait se servir de la pédale. Tandis que Claudio Arrau demeure dans mon esprit aussi imperturbable qu'une icône; on aurait dit une statue de plâtre où toute l'émotion passait par les yeux. Il était très éloigné de ce qui se pratique aujourd'hui – nombreux sont à présent ceux qui s'agitent sur leur clavier –, austère comme personne quand il délivrait au public l'enchantement de son inimitable toucher. L'attaque du *Quatrième Concerto* de Beethoven, il l'exécuta de telle façon que j'en fus confondu, plongé dans une perplexité absolue : comment allais-je pouvoir commencer, moi, avec l'orchestre, au moment de reprendre (!) ce même thème ? Quand je pense qu'il m'avait dit une minute avant son entrée en scène : « *Looking forward.* » (« J'ai hâte... »)

Je garde souvent en mémoire un moment très précis des partitions, dans l'interprétation qu'en donnèrent les plus grands solistes. Ainsi, je n'oublierai jamais Yehudi Menuhin, son phrasé (oui, ce profil « organique » de la phrase que m'ont enseigné Vitale et les Napolitains), son attaque dans le *Larghetto* du *Concerto* de Beethoven que nous jouâmes ensemble à Philadelphie.

Je ne saurais finir ce travelling sans mentionner un orchestre avec lequel ma collaboration ne fut pas mince : le Philharmonique de Berlin. Je débutai avec cette formation en 1971, lors d'une soirée dont le soliste était Maurizio Pollini ; nous jouâmes le *Deuxième Concerto* de Bartók (j'avais commencé avec l'*Ouverture* du *Guillaume Tell* et je conclus avec la *Troisième Symphonie* de Prokofiev).

Dès lors, ils m'invitèrent chaque année pour des périodes toujours plus longues et dans des programmes nombreux et variés. J'ai gravé là-bas des disques auxquels je tiens, à commencer par les *Quatrième* et *Septième* symphonies de Bruckner, la *Water Music* de Haendel, *Les Sept Dernières Paroles du Christ* de Haydn et bien d'autres chefs-d'œuvre. Mon meilleur souvenir demeure l'exécution, le 23 juin 1980, des *Carmina Burana* de Carl Orff – grande partition à l'instrumentation retentissante – en présence de l'auteur. Celui-ci était si touché qu'il m'écrivit une dédicace : il avait vécu cette exécution, affirmait-il, comme une « seconde *première*[1] ». Sur la photo, on lit en fait : « *Mit besonderem*

1. En français dans le texte. (*NdT*)

Dank für seine gleichsam zweite Uraufführung der Carmina Burana[1]. » De retour à Munich où il vivait alors, il introduisit dans sa partition de nombreuses corrections dynamiques inspirées par le souvenir de mon exécution[2]. Quand j'allai lui rendre visite, il me confia des feuilles d'ébauches musicales. Il m'a laissé l'impression d'une personne très douce ; on eût en vain cherché la trace du monstrueux mouvement politique auquel son nom est généralement associé par la critique historique.

1. « Avec mes remerciements particuliers pour sa quasi deuxième création des *Carmina Burana.* » (*NdT*)
2. T. Möller, « *On the Reception of* Carmina Burana », in *Orff Today*, IX (2006).

Riccardo Muti

mit besonderem Dank und in
Bewunderung für seine gleichsam
zweite Uraufführung
der Carmina Burana
mit den Berliner Philharmonikern
am 23. VI. 1980

herzlichst

Carl Orff

10

Regarder devant soi

J'ai réuni dans ces pages les traces d'une longue expérience, les détails d'un apprentissage de plus de quarante ans auprès d'orchestres et de solistes extraordinaires dont j'ai emmagasiné les suggestions, les conseils, les manières, les habitudes. J'ai fait le tour du monde, ce qui représentait pour moi une « éducation » unique, aussi intense que celle induite par le vagabondage du Wilhelm Meister de Goethe, aussi concrète et, en même temps, d'une fantaisie non moins imprévisible.

Quand je regardais en arrière, j'étais saisi de crainte à l'idée que le passé pût demeurer simple mélancolie muette ; c'est pourquoi j'estime presque indispensable d'en faire quelque chose de différent, de communiquer mon expérience aux autres, en particulier aux jeunes qui sortent, comme on dit, frais émoulus des conservatoires.

Déterminantes, sur ce chemin de réflexion, se sont révélées mes tentatives de présenter au public un programme de concert ou un opéra : je veux parler des « leçons » que j'ai données, au piano, pour les spectateurs toujours très nombreux de la Scala, tâchant d'illustrer l'œuvre qu'ils écouteraient deux jours plus tard. Ces leçons avaient lieu le plus souvent dans des universités milanaises. Y assistaient nombre d'étudiants et de passionnés. Mais il m'est arrivé aussi – et ce furent les meilleures expériences – de répéter un concert en public (on parle alors de « répétition ouverte », expression aujourd'hui un peu trop figée). J'essayais alors, sans changer d'attitude vis-à-vis de l'orchestre, d'en dire davantage, de produire un discours, d'impliquer les gens – jamais moins de plusieurs centaines de personnes.

Un après-midi – de septembre 2006, me semble-t-il, j'eus par exemple l'occasion d'expliquer à de jeunes instrumentistes en quoi consistait l'incipit de l'*Inachevée*. C'était au théâtre de Prato, en Toscane. Amener à mains nues les violoncelles et les contrebasses, puis les violons, à faire naître le son et, par ce moyen, rendre visible, pour des centaines de personnes, le miracle de cette naissance ! Expérience inoubliable, propre à satisfaire ce que je considère comme un besoin authentique : communiquer quelque chose, briser – objectivement et métaphoriquement – l'isolement auquel me contraignait (et me contraint encore), pour le meilleur et pour le pire, l'estrade du chef d'orchestre.

C'est du reste pour des considérations analogues que j'ai imaginé la création d'un ensemble de jeunes musiciens ; je l'ai baptisé « Luigi Cherubini », par admiration pour cet artiste et par amour pour Florence. Ayant quitté Milan, et n'étant donc plus – depuis longtemps, comme on pourra l'imaginer – hébergé par la Scala, le projet sembla vaciller quelque temps. Mais l'entreprise fut heureusement rejointe par le Festival de Ravenne et le théâtre de Piacenza, ville dont le maire et l'adjoint à la culture ont beaucoup fait pour l'orchestre. En tant que « fils » de la première ville émilienne et de la dernière de Romagne, nous représentions la région tout entière.

L'orchestre jouit à Piacenza d'un siège merveilleux : l'église restaurée des Teatini, où nous répétons dans le transept et la croisée, en présence du public, protégés par une chambre acoustique transparente qui sert notre son sans cacher à la vue des auditeurs les vastes décorations murales. Une commission internationale sélectionne quasi en continu les membres de cet orchestre, dont le statut prévoit que les jeunes musiciens ne peuvent y prolonger leur présence au-delà de trois ans (ou de leur trentième anniversaire, la réintégration n'étant autorisée qu'en qualité d'« adjoint »). L'orchestre se soucie moins de compétition que de formation. La « double appartenance » n'étant pas interdite, les musiciens peuvent participer à d'autres cours ou ensembles pendant ces trois années. Ces temps-ci, je travaille déjà avec le deuxième groupe. Nous avons obtenu le prix Abbiati, fait non dénué d'importance dans un pays aussi xénophile que le nôtre. Et le grand metteur en scène Jürgen Flimm, directeur artistique à Salzbourg, ayant écouté l'orchestre à Ravenne lors d'un concert-leçon que je donnais sur la *Cinquième* de Beethoven, est sorti de l'expérience assez convaincu pour l'inclure dans sa programmation.

C'est ainsi qu'est né le « projet napolitain ». Il consistait à s'inscrire, pour le vivifier, dans ce Festival de la Pentecôte que fondèrent, pour ainsi dire, les concerts de Karajan en 1973. J'avais depuis longtemps à cœur de réunir une équipe à même de ressusciter les œuvres, parfois même les chefs-d'œuvre méconnus de l'école napolitaine. En Italie, hélas, ce projet a fait naufrage. En Autriche, en revanche, nous en sommes désormais à notre quatrième année d'existence. Quiconque s'est promené dans les rues de Salzbourg en mai 2010 n'a pu manquer les affiches annonçant en gros caractères : « *Neapel: Metropole der Erinnerung* » (« Naples : ville de mémoire »). Focalisation extraordinaire qui, à Naples même, est passée complètement inaperçue !

Aujourd'hui, alors que se poursuit un chemin qui – avec Mercadante – me conduira au terme du « projet napolitain » de Salzbourg, il n'est pas inutile d'en rappeler les tout premiers feux. Je m'épris de cet univers en 1967, à l'auditorium de la Scarlatti, où Francesco Siciliani m'invita à diriger une représentation scénique de *La Dirindina* (de Domenico Scarlatti) et *Chi dell'altrui si veste presto su spoglia* (de Cimarosa). J'avais pour chanteurs deux géants de l'époque : Sesto Bruscantini et Paolo Montarsolo; Enriquez était affecté à la mise en scène. Les heures passées, lorsque j'étais étudiant, à la riche bibliothèque du conservatoire de San Pietro a Majella, avaient produit une graine parvenue à maturité au fil des années, donnant naissance au projet imaginé avec Flimm.

En mai 2010, ce fut le tour de Mozart et de Jommelli, qui tous deux ont mis en musique leur propre *Betulia liberata* (*La Bétulie libérée*), sur le livret de Métastase. J'ai connu l'irrépressible fierté de voir mes jeunes musiciens, tous italiens, interpréter Mozart dans la ville même où son culte est jalousement célébré. À un jour de distance, ils ont su produire une sonorité différente : plus classique pour Mozart, plus *old fashioned* pour Jommelli. Ayant une longue expérience des chefs-d'œuvre de la maturité mozartienne (y compris de la *Clémence*) et les connaissant sur le bout du doigt, j'avais tendance à hisser, chronologiquement parlant, la très précoce *Betulia* (1771), avec d'un côté les Napolitains, qui pour certains se tournaient vers le passé, et de l'autre les Salzbourgeois, que j'obligeais à regarder vers l'avenir. Il s'agissait donc bien d'une excursion stylistique ; les musiciens de la Cherubini l'ont compris et m'ont parfaitement suivi.

Je suis encore impressionné qu'un compositeur de quinze ans ait osé s'attaquer à un texte aussi complexe. Un exemple entre tous : l'interminable récitatif, au début du deuxième acte. Avec la rigueur d'une dispute théologique, le texte disserte sur la nature de Dieu. Même les auteurs de la *Neue Mozart Ausgabe*[1] conseillaient une coupe. Or Mozart ne rate pas une virgule, pas un accent ! Il est vrai que, dans une lettre à son père datant des années d'*Idoménée*, il se vante, contre ses détracteurs, de posséder une connaissance parfaite de l'italien

1. Cette institution travaille à l'édition critique des œuvres de Mozart. (*NdT*)

et de sa prosodie. Voilà qui a toujours été mon credo : plutôt le respect du livret qu'une philologie abstraite. Car le public de 1743 se serait inévitablement ennuyé s'il n'avait pas bien compris tout le texte.

Le projet s'achèvera en 2011 avec un opéra rare de Mercadante, auteur enraciné dans la vieille école napolitaine, mais fortement tourné vers Donizetti et Verdi. Nous nous intéresserons aux scènes de *Li Due Figaro* (*Les Deux Figaro*, sur le livret de Felice Romani), dont nous avons retrouvé la trace à Madrid.

Si je ne devais me souvenir que d'une performance particulièrement brillante de l'orchestre, je citerais la *Sancta Susanna* de Hindemith (à Ravenne, en 2005), ou les *Sonnets de Michel-Ange* de Chostakovitch, ou encore notre récent *Oiseau de feu*. J'ai aussi tourné avec la Cherubini. Je me souviens notamment de cinq soirées à Garnier avec le *Demofoonte* de Jomelli. Lors de la présentation, nombreux étaient ceux qui n'avaient jamais entendu parler de cet auteur. Je leur conseillai, lorsqu'ils passeraient devant l'Opéra, de lever les yeux vers les bustes des musiciens célèbres, pour y lire le nom de « JOMELLI » inscrit en lettres d'or. Avec les jeunes, j'ai dirigé en outre une série de leçons qui ont fait l'objet d'un enregistrement commercial. Il est deux choses, surtout, que je m'efforce de leur enseigner : l'implication « solistique » du musicien, lorsqu'il est emporté par un idéal chambriste, et l'exigence d'une conduite éthique dans sa pratique professionnelle.

Comme je l'ai dit, il s'agit aussi d'un orchestre « de Ravenne », ville qui parmi d'autres, en 2010, a été le théâtre d'un rendez-vous parmi les plus écoutés et les plus émouvants du festival *Viaggio dell'amicizia* (le « Voyage de l'amitié ») que préside Cristina, mon épouse. Pour chaque édition, nous choisissons une ville martyre, où la vie est difficile, voire impossible – à commencer par Sarajevo, qui venait de subir des bombardements massifs quand nous nous y sommes rendus, avec les ensembles de la Scala, à bord des C-130 de l'aéronautique militaire. Là-bas, dans un grand palais, nous avons joué Schubert (le *Chant des esprits sur les eaux*), Brahms (le *Chant du destin*) et l'*Eroica* de Beethoven ; un grand écrivain de ce pays m'a remercié de cette initiative en signant un article en première page de *La Repubblica*.

Ces voyages étaient souvent aventureux, insérés dans un emploi du temps très fourni, mais non pas dans un esprit « contractuel », pour reprendre une expression bien souvent déplacée. En juillet 2001, nous avons donné le même concert à Erevan et à Istanbul à vingt-quatre heures d'intervalle, en rejoignant la capitale turque à bord d'un avion arménien, une façon de jeter un pont idéal entre deux pays opposés par un siècle de violences et de haines.

En 2002, nous avons joué à l'Avery Fisher Hall de New York, non loin du Lincoln Center, en mémoire des victimes de l'effrondrement des Twin Towers, devant un public où certains serraient contre leur cœur la photo de l'être cher qu'ils avaient perdu ; après le concert, je me suis rendu sur le lieu de l'attentat où le chœur du Philharmonique de la Scala a chanté sans orchestre le « *Va' pensiero* » de *Nabucco* dans le sinistre silence de Ground Zero.

Partout où nous allons, nous demandons aux musiciens locaux de se joindre à nous (non sans nous être préalablement « concertés » avec leur maestro), d'abord pour une simple répétition acoustique, puis pour jouer ensemble le soir du concert. Une fois assis aux mêmes pupitres, ils trouvent, deux heures durant, l'occasion d'exprimer une même chose, eux qui souvent n'ont rien d'autre en commun que la musique. Il m'est d'ailleurs arrivé plus d'une fois d'insister auprès d'eux sur le fait que l'exécution est l'expression même du « vivre ensemble » démocratique, le symbole de l'unité sociale, un lieu où chacun joue sa partie sans gêner son voisin, mais en œuvrant plutôt à ce que l'on appelle – sans trop parfois savoir de quoi il s'agit – le « bien commun » ; et c'est d'autant plus vrai quand on pratique cette forme « sociale » par excellence qu'est la symphonie.

À ce propos, j'ai toujours pensé que rien n'est moins pédagogique que d'obliger les enfants à ânonner les notes comme des perroquets. C'est une mauvaise façon d'enseigner le solfège. Elle conduit l'élève à briser l'enchaînement, au lieu de lui apprendre à former un discours musical *continu* (le seul qui vaille) où le rythme ne s'oppose en aucune manière à la fluidité de la phrase. Et puis le solfège n'est ni la musique, ni son apprentissage, lequel, pour l'essentiel, devrait être une invitation à l'écoute. De même, rien n'oblige – c'est même impensable – à vouloir faire de chaque bambin un musicien ; mieux vaut le guider, en tant que personne, dans la sylve inextricable des sons, lui apprendre à en reconnaître les arbres pour en faire des lieux de joie et non d'intimidation culturelle. Pourquoi ne pas le familiariser pas à pas avec les divers instruments, les petites et les grandes formes musicales, les thèmes dans leur dimension plastique ? lui apprendre à se mouvoir dans cette forêt fascinante, comme on apprend à marcher à un enfant de dix mois ? J'ai moi-même tenté de le faire en associant quelquefois le public au travail de répétition, décrivant en termes compréhensibles, mais soigneusement choisis, la structure et les aspects marquants d'un morceau. J'ai eu la satisfaction, bien souvent, de voir briller les yeux des spectateurs auxquels je permettais ainsi de participer au travail de l'orchestre – et au mien.

Quoiqu'on l'admette aujourd'hui difficilement – vieux discours ! –, je trouve assez vain le parcours traditionnel consistant, dans le meilleur des cas, à apprendre à pianoter sur un clavier, ou pire à en jouer modestement. Rien ne garantit que le pianotage puisse jamais constituer une approche sérieuse de la musique. Il peut même en rester très loin : à des milliers de kilomètres ! Je le répète : à quoi bon former des palanquées d'exécutants ? Nous avons davantage besoin d'usagers à même d'apprécier tous les immenses bénéfices que procure la compréhension de la musique. Pour être tout à fait sincère, j'ajoute que même le mot « compréhension » ne me convient pas. En musique, il y a fort peu à comprendre. Le professionnel que je suis, comme les autres, entend dans une partition la forme, l'harmonie, le contrepoint, la couleur, les périodes, les incises, toutes choses qui relèvent de la pure géométrie ; mais ce qu'il y a derrière la charpente ne peut être saisi qu'intérieurement, et encore, pas totalement. Aussi ne craindrai-je pas de rassurer ceux que l'on qualifie d'incultes. Il peut arriver – et il arrive souvent – qu'une personne parfaitement ignorante du langage musical réagisse à tel morceau de façon plus profonde, peut-être, que l'instrumentiste qui doit nécessairement, puisqu'il est en train de le jouer, le connaître à la perfection. Bien sûr, le musicien parvient mieux à synthétiser l'infinité des messages que le compositeur a souhaité transmettre. Mais au théâtre, l'ignorant, le pur néophyte, vaut souvent mieux que le mélomane ou que le connaisseur formé à la dure et punitive pratique du disque.

Une plus grande part d'énigme : voilà ce qui distingue la musique de tous les autres arts. En musique, chacun sait que les « signes » écrits sont fatalement inadéquats et tentent vainement depuis des siècles d'emprisonner l'impondérable. Quelquefois même, nous, interprètes, différons d'un soir à l'autre, soit que nous ignorions fondamentalement ce que sera notre exécution, soit que nous refusions de porter sur tel chef-d'œuvre un point de vue chiche et définitif.

Voilà pourquoi – étant donné mon aversion pour toute interprétation qu'Adorno eût qualifiée de « réifiée » et que je qualifie moi, tout simplement, de « fabriquée » –, un après-midi de janvier 1996, lors d'une répétition à Fiesole avec l'Orchestra Giovanile Italiana, après leur avoir fait toute une série de recommandations méticuleuses, j'annonçai aux jeunes musiciens :

— Ce soir… attention : il se pourrait que je fasse quelque chose de tout à fait différent. Quoi ? Je n'en sais rien moi-même !

C'est peu dire qu'ils étaient surpris. Peut-être même ne me comprirent-ils pas. Une demi-heure plus tôt, ils avaient joué avec un peu trop de précision, une certaine rigidité, comme s'ils sentaient déjà le poids du frac sur leurs épaules, tel le Gastone de Petrolini[1] qui chantait à Bologne, en 1924 : « Je suis né avec le frac, à ma naissance ma mère ne m'a pas mis des langes, ça non ! elle m'a mis un petit frac… Je marchais dans la maison comme un pingouin. » J'avais commencé à m'impatienter un peu, et une plaisanterie avait fini par m'échapper :

— Nous sommes italiens ! L'ordre, nous le laissons aux autres.

Ils durent penser que j'entendais par là les Viennois ou les Berlinois ! Et tant mieux, car en un sens c'était vrai – à condition de l'entendre *cum mica salis*, avec toutes les précautions nécessaires. Je me rappelle à ce propos avoir lu chez Carmelo Bene un éloge de l'acteur Eduardo De Filippo qui avait l'habitude, le soir venu, de modifier sensiblement le texte qu'il avait répété l'après-midi avec sa troupe. Et même, il s'en vantait. Dans son rapport avec les acteurs, disait-il, son idéal consistait « à leur compliquer la vie[2] ». Peut-être avais-je voulu moi aussi, ce jour-là, compliquer la vie des musiciens de l'Orchestra Giovanile !

Du reste, chacun le comprend : notre travail suppose que nous changions et improvisions. Impossible d'escompter, dans le même passage, un résultat tou-

1. Ettore Petrolini était un comédien, chanteur, auteur et humoriste natif de Rome. Gastone, son personnage, tournait en ridicule les étoiles déclinantes du cinéma muet et les chanteurs de la Belle Époque. (*NdT*)

2. Carmelo Bene, « Eduardo », in *Opere, op. cit.*

jours identique. Prenez le début de la symphonie en *sol* mineur de Mozart : une des attaques les plus difficiles qui se puissent imaginer. Non du fait du très célèbre « motif » que le premier spectateur venu est capable de chantonner sans difficulté, pourvu qu'il aille du même pas que l'accompagnement, mais à cause de la première mesure de l'accompagnement *seul*. Vous me direz : quoi de plus simple ? Cela arrive souvent, y compris dans des airs comme « *La donna è mobile* » ou « *Di Provenza il mare, il suol* ». Mais ici, le mouvement est vertigineux. Une rangée d'altos doit s'arracher seule du silence dans un élan censé créer *immédiatement* le climat chargé d'angoisse qui conduira à l'incroyable « motif ». Je viens de dire : « conduira », mais c'est dans l'instant que tout doit se produire ! Un historien de la musique s'est demandé pourquoi Mozart n'avait pas fait précéder cette attaque de plusieurs mesures d'accompagnement seul, ou commencé directement avec le thème. Il ne l'a pas fait parce qu'il était Mozart et qu'il voulait, en condensant la tension en un instant très bref, lui donner une puissance explosive : un instant, on se trouve obligé de traiter avec l'infini, avec une réalité dont tout ce que l'on peut dire est qu'elle ne peut être dite, faute de mots. En pratique, la première mesure peut tourner au désastre : il faut tenir compte de la salle, de son caractère, de messieurs les altistes et de leurs états d'âme : seront-ils tous dans les dispositions appropriées ?

C'est un peu ce qui m'est arrivé avec un contrebassiste, à Florence, en mars 2006, alors que nous répétions les *Vêpres solennelles d'un confesseur* de Mozart et approchions du *Laudate Dominum*. Je ne pus faire autrement que de l'avertir : le *fa* par lequel il devait commencer serait la note la plus difficile de toute sa vie. J'ajoutai même :

— Je n'aimerais pas être à votre place.

Puis – je m'en souviens encore – je lui demandai de « trouver un frémissement intérieur ». Pour préciser ma pensée, je poursuivis par ces mots : « Faites en sorte que cette première note soit vraiment... », tout en chassant d'un souffle quelque chose dans la paume de ma main gauche. Il eut un sourire affable : il n'avait pas peur du tout, ni l'air d'aborder un moment décisif de son existence. Je cherchais au contraire à lui faire comprendre que le silence précédant le son devait être chargé d'une énergie spéciale que le son a précisément pour vocation de libérer, comme si la musique avait commencé avant même que les instruments eussent émis la première note – un « frémissement intérieur », donc. Le travail commun d'un chef, d'un altiste et d'un contrebassiste n'a pas tant pour objet de se casser la tête sur le choix d'un tempo que de chercher en eux-mêmes le contenu expressif qu'ils devront bien, tout à l'heure, rendre perceptible au public. Je ne saurais mieux l'expliquer qu'en ces termes, et c'est pourquoi je suis toujours stupéfait de l'assurance de certains maestros au moment d'attaquer, peut-être pour le meilleur, mais dans un élan qui relève davantage, tout bien considéré, de l'ordonnancement mécanique que d'une suggestion émotive.

Tout exécutant diffère par certains traits et, dans la pratique pédagogique, peu de choses sont plus utiles, selon moi, que de comparer différents interprètes d'un même morceau. C'est un des précieux avantages que nous offre le disque ; je suis sûr que ce genre d'écoute donne des résultats nettement plus substantiels – quant à la compréhension musicale – que les exercices à la flûte et les sons maladroits qu'un petit enfant parvient à en tirer.

D'autre part, les éléments que je viens d'essayer d'éclairer sont, au contraire, impondérables : qui de nous peut affirmer avec certitude, s'il est un interprète conscient et sérieux : « Je vais monter sur l'estrade et faire de telle façon » ?

Combien de fois il m'est arrivé de me découvrir « différent » à mon insu ! Je me rappelle en particulier un adagio de la *Septième* de Bruckner avec le Philharmonique de Vienne. Alors que tout se déroulait « normalement », je signalai soudain aux musiciens qu'une chose magique était en train de se produire – ce pur instant, ce « presque-rien » fugitif qui semble moins dépendre de vous que d'un concours de circonstances reliées à une émotion, dont on a quelque peine à discerner les facteurs. Est-ce l'orchestre ? Le public ? Soi-même ? On n'en sait rien, mais on l'éprouve, et c'est comme une apparition. Et à la minute où l'on se rend compte que quelque chose vient de naître qui excède tout ce que le talent peut produire, le miracle, hélas ! vous file entre les doigts...

J'ai rouvert un livre, dernièrement, où ce sujet est abordé[1]. L'auteur y renvoie au *Racine et Shakespeare* de Stendhal. Il est question du spectateur et de ses réactions. Stendhal pense qu'aucun spectateur ne peut véritablement s'identifier au drame du début à la fin d'une soirée, soit pendant deux ou trois heures. Il ne s'identifie, ne cède à l'émotion et ne perd la tête que l'espace de quelques instants ; mais pendant ces minutes privilégiées, il sort authentiquement de lui-même pour entrer dans le drame, en faire miraculeusement partie et l'éprouver corps et âme. Cette poignée de secondes, Stendhal l'appelle « illusion parfaite ». C'est pour vivre cet instant-là – Stendhal en est convaincu – qu'il vaut la peine d'aller au théâtre.

Pourvu que l'exécution soit correcte (car si elle est ratée, inutile d'espérer le moindre miracle) et, avec un peu de chance, tout orchestre peut espérer se transmuer en une personne autonome ; chacun peut alors sentir que quelque chose est sur le point de se produire. Aucun musicien distrait n'a la tête ailleurs : c'est le signe qu'opère l'aimant de l'« identification ». Une énergie interne prend corps, qui vous dépasse. Le chef

1. Marco Grondona, *La perfetta illusione. Ermione e l'opera séria rossiniana*, Akademos e LIM, Lucca, 1996.

en est le premier témoin, ignorant, incrédule et extasié. Car ce phénomène ne se commande pas. Les lumières viennent de s'éteindre dans la salle et vous rejoignez votre orchestre pour diriger *Manon Lescaut*. Si, à cet instant, vous vous dites : « Ce soir, je vais me surpasser », soyez sûr que, sur dix représentations, ce sera la pire. La raison ne peut rien suggérer au sentiment ; pour que les deux communiquent, quelque chose doit survenir par des voies impénétrables.

Je ne puis me résoudre à croire qu'il n'en aille pas pour moi, qui vis de la musique depuis cinquante ans, comme de n'importe quel passionné noyé dans le public. Quelques épisodes de la vie, parfois très simples et fortuits, se sont chargés de me rappeler cet aspect mystérieux de la musique. Ainsi, ce soir de 1999 où je dirigeais le *Requiem* de Verdi à Jérusalem, en un lieu appelé la Piscine du Sultan, face au mur de Sion. Comme d'habitude, je n'avais pas prévu d'entracte, juste une courte pause avant l'*Offertoire*, à la fin de la première partie. Or le silence fut brisé par une plainte : l'aboiement d'un chien, sans doute, ou d'un autre animal semblant venir du désert tout proche. Je prolongeai la pause, attendant que cesse cette plainte : sous les murailles de Jérusalem, elle semblait une voix surgie de l'Ancien Testament. Mais la pause s'éternisait et nous passions en direct à la télévision : il fallait bien respecter les horaires. Aussi décidai-je d'attaquer l'introduction des violoncelles de l'*Offertoire*. À peine la musique avait-elle repris que la plainte cessa, comme par enchantement : on aurait dit que cette voix lointaine s'était élevée pour demander que la musique ne cesse pas, puis qu'elle s'était tue à la reprise de ce chant magique.

Un autre soir, en 2005, à El Jem, dans le désert tunisien, nous interprétions avec les ensembles du Maggio une large sélection du *Mephisto* de Boito. À la fin d'un morceau s'éleva l'appel d'un muezzin dans une mosquée lointaine. Le public, l'orchestre, le chœur et les chanteurs, moi-même : tous, nous demeurâmes interdits face à cette « intrusion ». Cette invocation spirituelle pouvait pourtant se conjuguer au climat de l'opéra et lui offrir, comme par un effet de miroir, une étoffe supplémentaire qui n'avait rien d'envahissant, mais pouvait au contraire en augmenter l'épaisseur. Je laissai donc à ce chant le temps de s'achever. Le public tunisien m'applaudit avec fracas : ainsi me remerciait-on du respect dont j'avais fait preuve. Et la musique reprit son cours avec une intensité accrue. C'était là un des miracles dont le « chant » est capable – celui du muezzin ou celui de Boito, qu'importe.

11

Musique sans frontières

Le plus récent épisode de ma biographie artistique est le début de ma collaboration avec l'Orchestre symphonique de Chicago. Je croyais en avoir fini avec l'Amérique après mon long séjour de Philadelphie, quand un événement heureux se produisit en février 2010 : ma rencontre avec le Metropolitan. James Levine m'avait très souvent invité par le passé, mais l'activité de la Scala m'accaparait tellement que j'étais toujours obligé de décliner, la mort dans l'âme. J'ai donc répété et dirigé *Attila*, une expérience artistique extraordinaire quant à l'équilibre des masses sonores, de l'orchestre et du chœur. Sans parler de la chaleur humaine : à la fin de la représentation, les musiciens sont restés dans la fosse tout le temps que durèrent les ovations, applaudissant eux aussi avec le public. Les chanteurs du chœur sont venus dans ma loge me remettre des boutons de manchette portant la mention : « Attila 2010 – Metropolitan Chorus. » Et les techniciens m'ont offert en souvenir une Odabella[1] miniature réalisée par leurs soins, sur le modèle de la poupée Barbie, parfaite dans son costume de scène !

1. Le personnage féminin (soprano) de l'*Attila* de Verdi, sur un livret de Temistocle Solera, inspiré de la tragédie de Zacharias Werner. Orpheline de père, Odabella est prête à le venger pendant la noce d'Attila, le roi follement épris d'elle et non payé de retour.

Chicago, donc. Rencontre nouvelle, sur un mode qui d'abord me surprit. La présidente Deborah Rutter, en quête d'un nouveau directeur musical pour son ensemble, m'avait contacté à plusieurs reprises. Elle commença par me convaincre d'accepter de diriger un concert, ce que je n'avais pas fait à Chicago depuis trente ans. Il en résulta une entente intense avec l'orchestre, au point qu'en 2008 je le dirigeais de nouveau lors d'une tournée en Europe. Ce sont de telle circonstances qui décident si la relation chef-orchestre est vouée à se dégrader ou, au contraire, à se resserrer. Au terme de cette expérience, certains m'écrivirent pour m'exprimer leur satisfaction, de sorte que la présidente et le conseil d'administration se firent plus pressants dans leur requête.

J'hésitai longuement. J'avais cru me persuader, depuis mon départ de la Scala en 2005, que l'heure était venue de me consacrer plus de temps. On me jugera peut-être naïf, mais je m'en étais jusqu'alors peu soucié et désormais – comme l'a écrit Sénèque dans une lettre fameuse[1] – un arbre énorme de mon jardin, planté de mes mains quand ma taille n'excédait pas un mètre, était là pour me renvoyer, tel un miroir, l'image du temps qui passe, de *mon* temps. « Les années ont passé, qui pourra les rattraper[2] ? » On ne saurait mieux dire.

La chaleur de l'invitation et l'insatiable curiosité que m'inspirent les projets d'avenir m'ont finalement convaincu d'accepter. J'ai tenu à poser devant le *board* un préalable important : à mon âge, jouer de la musique, y compris de la belle musique, ne me suffit plus. Mon intention désormais était de faire tout ce qui serait en mon pouvoir pour apporter la musique – quitte à « délocaliser » les représentations – aux classes sociales éloignées de la culture pour diverses raisons, toutes indépendantes de leur volonté. Chicago abrite en effet

1. Lettre à Lucilius, 1.12.1-4 : « À ma campagne je dois au moins ceci : de voir de tous côtés paraître ma vieillesse. »
2. Salvatore Di Giacomo, « A Capemonte », in *Poesie*, *op. cit.*

une société multiethnique, composée de couches très diverses, en partie étrangères à la musique dite « classique ». Je pensais également aux prisons américaines, aux centres pour mineurs où les adolescents purgent leur peine. Le grand violoncelliste Yo-Yo Ma, que j'ai interpellé à ce sujet, partage entièrement mon point de vue ; nous avons déjà arrangé des dates pour faire entrer la musique dans les maisons de détention. Je serai au piano ou à la tête d'une formation très restreinte du Chicago Symphony.

Il ne s'agira pas d'une première pour moi. Voilà quelques mois, invité par sa directrice éclairée, la Napolitaine Lucia Castellano, à l'initiative d'un détenu qui me l'avait demandé par courrier, je me suis rendu dans la prison modèle de Bollate, à Milan. Cent cinquante prisonniers, assis sur les gradins d'un petit amphithéâtre, m'ont écouté jouer au piano des morceaux de Beethoven, Schubert et Chopin. Terrible contraste de la musique, offrant par nature l'illusion d'un monde meilleur, et de la nécessité à laquelle ces hommes étaient contraints par la faute qu'ils avaient commise. Mais la musique consolatrice… Je me suis rappelé cette « lettre de Stalingrad », en décembre 1942, dans laquelle un officier joue au piano, dans la rue, l'*Appassionata* : « Ces cent soldats assis dans leur manteau, la couverture rabattue sur la tête. On entendait tirer de tous côtés, mais personne ne se laissait distraire : ils écoutaient Beethoven à Stalingrad[1]. » J'ai expliqué que ces notes-là étaient bien souvent l'œuvre d'âmes malheureuses.

J'ai vécu à Bollate une de mes plus belles soirées. J'en suis venu à penser qu'un maestro ne devrait pas être

1. *Dernières Lettres de Stalingrad*, traduit de l'allemand par Charles Billy, Buchet/Chastel, 1974. Dans une note, un autre pianiste, qui a eu les doigts gelés, raconte à sa fiancée qu'il a écouté un camarade, pianiste lui aussi, Kurt Hahnke, jouer dans une petite rue non loin de la place Rouge : on avait sorti le piano d'une maison avant qu'elle n'explose.

placé trop ostensiblement sous le feu des projecteurs, moins encore dans la seconde partie de sa vie, quand sa carrière est faite, qu'il doit se protéger des médias et s'efforcer de transmettre la musique s'il ne veut pas, lui, l'éphémère, être jeté dans le tourbillon d'une activité éphémère. Car nous ne sommes pas des créateurs, mais seulement des « traducteurs ». Nous ne laisserons derrière nous rien de définitif, puisque les critères de l'interprétation et du goût changent avec les années. Bollate n'était pas Poggioreale[1], mais tout m'intimidait et m'invitait à regarder d'un œil pudique un univers si différent du nôtre. Nous avions fait ces quelques kilomètres dans des voitures noires marquées de l'inscription « Police pénitentiaire ». J'eus un frisson avant de franchir le grand portail en fer. Mais, à l'intérieur, j'ai découvert des ateliers où les détenus, afin d'alléger leur peine, fabriquent des objets. J'ai compris que là, au moins, on tentait une forme de « sauvetage ». Dans la salle où le récital était donné, ces hommes et ces femmes, vêtus avec un soin extrême, m'apparurent comme le meilleur des publics possibles. Je leur adressai la parole comme s'il n'y avait pas eu de grilles autour de nous. Expérience si saisissante que, pointant le doigt sur l'un d'eux (comme je le fais, allez savoir pourquoi, avec les jeunes chanteurs que je rencontre pour la première fois, peut-être pour régler ma conduite sur leur réponse), une question s'échappa de mes lèvres, spontanément jaillie comme d'habitude :

— D'où êtes-vous?

Me croira-t-on? « De Molfetta » fut la réponse. L'espace de quelques secondes, je fus « comme un homme, lorsque quelque étrange merveille a frappé tout à coup sa vue ou son oreille : il croit, il doute, il nie[2] ». Autrement dit, et si mes souvenirs scolaires ne me trahissent pas,

1. La terrible prison de Naples. (*NdT*)

2. Dante, *Purgatoire*, VII, 10-11 : « *Qual è colui che cosa innanzi sè /subita vede ond'e' si maraviglia / che crede et non* [...] » (tr. fr. L. Ratisbonne, 1856).

j'eus la réaction de Sordel tombant sur Virgile, comme lui originaire de Mantoue : « De mon pays natal, toi l'honneur éternel… » Pour le mettre à l'épreuve, je prononçai trois mots en dialecte : il les comprit parfaitement.

Je n'avais pas choisi des morceaux trop difficiles. J'entamai par le *Warum?* de Schumann. « Pourquoi? » Chacun de nous, dans le cours de son existence, se pose mille questions, dont certaines restent sans réponse ; nul ne pouvait mieux le comprendre que les détenus. J'enchaînai avec quelques *Préludes* de Chopin, morceaux brefs, voire très brefs – d'une brièveté quasi dodécaphonique –, afin de capter d'emblée les auditeurs, quoique cette musique soit assez moderne. Je racontai comment le chef et pianiste Hans von Bülow leur avait donné, somme toute sans grande difficulté, des titres exprimant d'un seul mot l'entièreté de leur contenu expressif. Un *Impromptu* de Schubert les fit sourire, car je fis allusion à un film tourné jadis sur le compositeur : Schubert s'y trouve en compagnie d'autres artistes, comme l'exige la vie de bohème, et leur raconte qu'il est tombé amoureux. On lui demande qui est la belle ; pour toute réponse, il s'assied au piano et joue ce morceau d'une poésie sublime[1]. La réaction des amis de Schubert est très américaine : l'un laisse tomber son cigare de ses lèvres, la main du peintre se fige, tous sont plus ou moins stupéfaits. À la fin du morceau, le musicien révèle le nom de la fille. En conclusion, je parlai un peu de Beethoven, de son combat contre la souffrance physique et spirituelle, puis j'attaquai son *Clair de lune*. Mon public fut unanime : c'était ce qu'ils avaient entendu de plus beau de toute la soirée. Laquelle demeure l'une des

1. Vaste est la production cinématographique retraçant la vie du compositeur (huit films entre 1933 et 1970). Il s'agit sans doute ici de *La Symphonie inachevée* de Glauco Pellegrini (1954), avec Gino Bechi, Paolo Stoppa et la Bosè. Quatre ans plus tard, dans *La Maison des trois jeunes filles* d'Ernst Marischka, le rôle principal était tenu par Karlheinz, le jeune fils de Karl Böhm.

plus singulières qu'il m'ait été donné de vivre. S'approchant de moi, ils demandèrent à être photographiés en ma compagnie. J'étais entouré d'une humanité merveilleuse.

Un jour, au temps du lycée, l'excellent professeur Domenico De Simone nous lut en classe de philosophie cette phrase de Nietzsche dont je suis tombé amoureux : « La question n'est pas de regretter le passé, mais d'en accomplir les prémisses. » Elle a aidé nombre de ceux qui, comme moi, ont fait le tour du monde avec au cœur un « nid de mémoire ». L'expérience de Bollate – comme celles qui comptent parmi les plus sérieuses de mon existence – m'est restée non comme un simple souvenir, non comme l'expression d'une nostalgie impuissante, mais comme un fait dont il me faudra « accomplir les prémisses ». Un événement à même d'illuminer ma tâche, à Chicago, dans les années qui viennent.

Postface

Il duolo e la bell'anima

par Marco Grondona[1]

Il importe peu de discuter si la musique a une signification et un contenu : il vaut beaucoup mieux l'assumer et achever la scène. C'est ce que l'on fait lorsqu'on voit Muti diriger, après Verdi, la *Grande* de Schubert : la vivacité du geste esquisse les personnages invisibles qui, évoqués tour à tour par les pupitres de l'orchestre, dialoguent et se reconnaissent (habituel chez lui : le signe consistant à placer la main près de l'oreille pour que les « familles » s'écoutent mutuellement) ; alors, pourrait-on dire en paraphrasant Artaud, « l'œil est ému autant que l'oreille ». Dans cette volonté de libérer – non seulement dans *Tosca* et dans *La Traviata*, mais à l'intérieur même de la symphonie – un « théâtre », existe la prémisse d'une identification du public : même dans cet opéra sans parole et de style sévère que sont les *Sieben letzten Worte* de Haydn, il est possible de discerner un passage « plus humain et émouvant que symphonique[2] » :

1. Marco Grondona enseigne l'histoire de la musique à l'université de Pise. (*NdT*)
2. Le commentaire du maestro concernait la cinquième sonate, *Sitio*, aux mesures 60 *sq.*

Et quand le chœur, au début des *Vêpres* de Mozart, proclame, plein de son légitime enthousiasme : « *iuravit Dominus et non poenitebit eum* », le meilleur conseil que l'on puisse donner à l'orchestre est le suivant : « Ne pensez jamais symphoniquement[1] ! » :

Dans le scherzo de Schubert, les *rallentandi* et le *rubato* de la danse le soustraient à l'exercice mesquin du « *herunterspielen* », ce *tirèmm innanz* que Wagner détestait chez les chefs de son époque et qu'Adorno reproche même à Toscanini[2]. *Apothéose de la Danse* : « On ne peut pas interpréter un ballet sans, d'une façon ou d'une autre, danser », ai-je une fois entendu Muti lancer à un orchestre du Maggio coupable de trop de retenue ; à l'inverse, aux jeunes instrumentistes de la Giovanile, un jour qu'il dirigeait Schubert, il demanda « quelque chose comme le concert du Nouvel An ! ».

Dans la dernière section de l'*Ouverture* du *Guillaume Tell*, au galop, s'obstiner à retenir fermement les cordes qui voudraient se risquer à observer un soupir entre les demi-phrases

1. W. A. Mozart, *Vêpres solennes* [sic] *d'un confesseur*, K. 339, *Dixit*, mesures 54-58 (à contrecœur et à seule fin de ne pas passer pour snob, je maintiens la bévue [« solennes »] que tout le monde garde toujours, je ne sais pourquoi – un peu comme pour la *Missa beethoveniana*).

2. *Cf.* R. Wagner, *Über das Dirigiren*, in *Gesammelte Schriften und Dichtungen*, VIII, Fritzsch, Leipzig, 1898, p. 268 (« *herunter*blasen zu lassen »), 276 (« eine fatale Vorliebe für das *Herunter*- oder *Vorüber*jagen »), 278 (« wenn es ausdruckslos und matt *heruntergespielt* würde »), 279 (« fast im Presto *herunter*jagte »), 284 (« die Maxime des flotten Darüberhinweggehens ») ; et T. W. Adormo, *Die Meisterschaft des maestro*, in *Gesammelte Schriften*, XVI, Suhrkamp, Frankfurt am Main, 1978, p. 54 *sq.*

finissait presque par *stringendo* aborder ces incises (à la lettre *û*) au point de conclure avec les doubles croches et de recommencer le motif avec la croche sur le temps fort ; il s'agissait à l'évidence d'une impression simple et éclatante, mais la phrase en sortait renversée et miraculeusement *à bout de souffle*[1]. Passant du *mi* majeur aux mesures en *do* dièse mineur, cet effet se fit paroxystique :

le maestro étant convaincu – selon moi – que le fait de reprendre son souffle ménagerait quasi involontairement la possibilité d'un « chant » et brouillerait la fierté du rythme qui, à cet instant, devait se proclamer radical : autrement « il devient *cantabile*, et le sens du rythme se perd » (j'eus le sentiment objectif – que je tiens au théâtre pour une bénédiction – qu'à mesure que se succédaient les représentations le métronome s'animait chaque soir un peu plus[2] !). Ainsi, dans l'ouverture

1. En français dans le texte. (*NdT*)

2. Voici, mot pour mot, le commentaire de Muti répétant l'air de Giorgio dans *Nina, ossia La pazza per amore* de Giovanni Paisiello (« *Del suo mal non v'affligete* ») : « Tout le monde saute, tout le monde s'enflamme, on se donne et on se rend des baisers. » Sur la valeur éphémère et donc incomparable de la représentation, je ne saurais trouver mieux – comme souvent – que Fedele D'Amico : « Bien improbable, donc, qu'un opéra, sous la même baguette, donne la même chose avec deux distributions différentes. […] Et c'est précisément la raison pour laquelle le théâtre, grâce à Dieu, est le théâtre. » « *Quando Lucia comincia a cantare* », in *Tutte les cronache musicali*, *op. cit.*

de *La Force* – en particulier lorsqu'il m'arrive d'entendre en ouverture de concert cette histoire qui seule se doit de dévoiler seule l'intrigue en dix minutes –, au moment du deuxième épisode (*Andantino*), les bois racontent « les menaces, les fiers accents », et les premiers violons jouent *allargando*, avec une grande liberté, le motif du « destin » (autrement dit, celui par lequel avait commencé le « poème symphonique ») :

Lisant désormais *senza tempo*, ils en font la voix désespérée de l'angoisse, ils veulent « traîner » – hésitant sur le soupir final de la seconde mineure qui, pour des raisons de tonalité, est aussi « intervalle du cœur[1] » –, comme cela se produit seulement au *schleppend* douloureux des thèmes de Mahler. Le maestro traita de la même manière, sans mesure, le motif caractéristique de la stupeur de Nina guérie dans le finale du drame de Paisiello, puis il dit : « C'est un battement cardiaque, presque *libre.* »

Regardez bien et vous verrez qu'il ne s'agit pas de surinterprétation de ma part. Une maxime de ce genre tient de l'oxymore et du symptôme : Riemann, dans sa très célèbre définition inaugurale, fait dépendre la qualité du rythme de

1. Dont la définition, comme on sait, revient à Gino Stefani (in G. Stefani, L. Marconi, E. Ferrari, *Gli intervalli musicali dall'esperienza alla teoria*, Bompiani, Milan, 1990, p. 9-24). Le thème des « menaces » attaqué avec une sixième, et celui du « destin », servent pour conclure.

l'aptitude à « déterminer le temps juste – qui gouverne le rythme d'un morceau de musique – sur la base de la valeur moyenne, normale, du pouls d'une personne en bonne santé[1] »; alors que les traités expliquent que « le système des temps musicaux trouve évidemment son origine dans l'organisme humain et se réfère en particulier au rythme d'un pouls de rapidité moyenne (entre 60 et 80 battements à la minute): de là procède entièrement la perception catégoriale du *lento* et de l'*allegro*, comme issues possibles du mouvement musical[2] », et « l'idée d'un temps moyen de référence caractérise toutes ces théories, largement diffusées à toutes les époques, qui postulent un rapport nécessaire entre le tempo et des fonctions organiques précises: le pouls, le cœur, le pas d'un homme[3] ». Dès lors que le pouls, paradigme supposé de la « mesure », devient pour Muti l'exemple d'un temps *a piacere*, il en illustre en deux mots, et bien mieux que ma propre exégèse, le style.

Je l'ai entendu dire un jour: « L'ouverture de *Norma*, j'y réfléchis depuis si longtemps. Il me plairait peut-être un jour de la faire d'une façon complètement différente, *maestoso.* » Et il se mit à en chanter le début très lentement, conférant aux accords quelque chose qui tenait du *vibrato* ou de la noblesse d'un choral, transformant en somme l'*Allegro maestoso e deciso* de Bellini en un tempo qui était simplement *Maestoso* ou peut-être *Grave e maestoso* (en allemand, suffirait le seul mot très courant de *Feierlich*):

1. H. Riemann, *System der musikalischen Rhythmik und Metrik*, Breitkopf ed Härtel, Leipzig 1903, p. 9; je traduis par « *tempo giusto* » – en français: « temps juste » – l'allemand « *mittleren Zeiten* ».
2. W. Dütt, W. Gerstenberg, *Rhythmus, Metrum*, Takt, MGG, XI, c. 385.
3. K. E. Behne fait cette observation: « Les théories de ce genre affirment, en conséquence, qu'il doit exister un rapport (à vrai dire non encore solidement démontré) entre les temps de battements préférés à chaque fois et une fonction organique. Demeure de toute façon incontestable la correspondance entre la fréquence d'un pouls moyen et les valeurs les plus communes du métronome. [...] Même celui qui, comme Sachs, ne croit pas du tout au rapport entre pouls et temps, admet l'existence d'un temps normal ("temps juste"). » (*Tempo, B. Systematicsh*, MGG, XVI, c. 1836.)

All° Maestoso e Deciso

Ce dont le maestro ressentait le besoin et le désir, je crois, c'était un début (une sorte de temps premier, mm.1-14? 1-34?) empreint d'un plus grand sérieux, guéri de cette « *bersagliera* », de cette *énergie* qui, fatalement, l'humilie dès l'attaque dans toutes les exécutions courantes, quand il faut tenir du début à la fin – d'après le « texte » – le même mouvement (dans la partition, les changements de tempo ne sont pas du tout indiqués). C'est un de ces cas, aura songé Muti, où « *littera enim occidit spiritus autem vivificat*[1] ». Il se sera dit que l'occasion était venue de se débarrasser courageusement de toute « base autoritaire[2] »; et ceci me rappelle, avec une éminente clarté, une des plus fascinantes questions de direction d'orchestre posées par la biographie de Wagner (lequel, inutile de l'oublier, fut dans sa jeunesse un très célèbre chef d'orchestre, appelé à devenir un modèle exerçant son influence sur les générations futures pendant au moins cent ans) : quel tempo battre pour l'ouverture d'*Iphigénie en Tauride* de Gluck? La préoccupation première de l'essai de 1954 est de ne pas presser à partir de la mesure 19 (pour ce qui est de cette vieille habitude de l'*ouverture* du type *Largo-Allegro*), en conservant partout (d'après le « texte ») l'*Andante* initial, afin d'éviter le « bruit vulgaire » propre aux chefs allemands[3] et de garantir au

1. Saint Paul, *Deuxième lettre aux Corinthiens*, III, 6 : « la lettre tue et l'esprit fait vivre ».

2. R. Wagner, *Gluck's Ouvertüre zu « Iphigenia in Aulis »*, in *Gesammelte Schiften und Dichtungen*, V, Fritzsch, Leipzig, 1898, p. 117.

3. *Ibid.*, p. 114.

premier thème à l'unisson son « ampleur massive » (« *maßive Breite* »[1]) :

Pour ce qui concerne la symphonie de Bellini, Muti la dirige très brillante à partir de la première mesure et choisit un tempo sensiblement plus *Allegro* que tout autre chef[2] ; mais que l'on me permette, là encore, une précision « dramatique » : l'exécution la plus rapide – des siennes –, je

1. *Ibid.*, p. 115. Les deux premiers exemples de cette figure sont les réductions pianistiques de Bülow (préparées en 1858 pour la réélaboration wagnérienne du chef-d'œuvre de Gluck et justement opposées au changement de tempo) et l'édition Peters 9752 (qui, soulignant l'intérêt de l'ouverture de Gluck, indique même un *Grave* à la mesure 19, change donc le tempo mais le fait à bon escient!) ; il n'est pas rare, en revanche, de trouver à la mesure 19 une indication *Allegro* (dernier exemple : la réduction à quatre mains d'Hugo Ulrich) qui consacre l'échec d'une pratique courante au milieu du XIXe siècle (« les éditions allemandes de l'ouverture et, en conséquence, les françaises aussi peut-être, finiront aussitôt dit aussitôt fait par introduire l'impertinente indication *Allegro* » (*ibid.*, p. 114).
2. Tous pressent le tempo – dans l'ordre : Gavazzeni, Prêtre, Serafin.

l'ai entendue à la fin d'un concert[1], lors d'un bis au cours duquel le morceau subissait une authentique révolution en passant du dessein original (prélude du drame) à l'accomplissement immédiat de soi-même, et c'est grâce au maestro que ce changement put se distinguer d'aussi précise façon! Avec quelle fascination on le vit descendre au niveau d'une vraie fanfare (et ce n'était pas la « fanfare » idéale de Henze[2]!) pour exécuter à Ravenne la vivantissime ouverture le soir du 14 juin 2008[3]; ce n'est pas par hasard si son « premier souvenir musical » – c'est le maestro lui-même qui le confesse – renvoie aux fanfares de Molfetta (« jour et nuit, une musique lente, dramatique », quand « la fanfare municipale attaquait avec une déclamation emphatique la plus célèbre marche funèbre locale[4] »); et l'infaillible Fedele D'Amico nous le rappelle: l'invention verdienne, en matière de timbre, étant très ardente dès ses premières œuvres, « l'opinion contraire, en plus du dégoût qu'inspire à beaucoup tout ce qui évoque la fanfare sur la place, naît du fait que ses couleurs sont assemblées de façon provocante[5] ». Un dégoût que Muti, homme de bon sens, n'a jamais éprouvé.

Violence et brillante tragédie, donc, dans l'ouverture de *La Force*; et les deux motifs cessaient d'être musique pour devenir *personae*; le rapport entre les deux, en parallèle au tempo parfaitement libre, transformait l'« embarras » qui déplaît tant à Budden en effet gigantesque[6]. C'est le cas aussi dans un autre passage de l'ouverture de *Norma* – toujours quand elle est jouée isolément, en bis, lorsque tous les yeux s'attendent à des miracles et à des étonnements inhabituels. La trame du bref « poème symphonique » est connue: à côté

1. Parme, le 12 mai 1995 (Orchestre philharmonique de la Scala).
2. Voir ci-dessous.
3. Dans le cadre du Festival de Ravenne, avec l'ensemble Delianuova (Reggio Calabria).
4. E. Tadini, *Benvenuti nelle mia isola della solitudine*, in « Sette settimanale » del *Corriere della Sera*, 1994, n.48, p. 22; E.Biagi, Un uomo « semplice », in « Amadeus », III (1991), n.19, p. 32.
5. F. D'Amico, « Oggi Verdi è in gran forma », in *Tutte le cronache*, *op. cit*.
6. « Les deux thèmes s'adaptent quand ils se rencontrent, et là encore avec embarras » (*Le opere di Verdi*, II, EDT, Turin, 1986, p. 474).

du matériel nouveau, on trouve – comme c'est presque toujours le cas – des éléments issus de l'opéra lui-même – le but n'étant pas seulement de produire dans les deux heures qui vont suivre, une fois le rideau levé, le plaisir de l'agnition, mais aussi d'organiser une « trame » nouvelle et non servile ; l'épisode *cantabile* le plus significatif est un large fragment du dernier duo désespéré : Norma rayonne en voyant que Pollione est finalement malheureux à la pensée d'Adalgisa condamnée au bûcher (« *Già mi pasco ne' tuoi sguardi, del tuo duol, del suo morire* ») :

Le spectateur, même celui qui ne sait rien de la tragédie imminente, en perçoit très vivement les signes annonciateurs ; en effet Muti choisit de mettre en valeur la plus basse des deux voix, de sorte que le chant semble habité par l'« éloignement », gouverné par une flûte piccolo qui a l'air de sortir d'une rude fanfare, *con voce nudrita* justement : un chant « bien sec, robuste, *molto vivace*, sans manière, ce son qui si souvent nous enchante, chez Bellini, quand sa fanfare retentit[1] » :

1. L'indication est dans l'autographe. J'ai discuté de ce passage avec Fabrizio Della Seta dont je pus admirer une fois de plus la compétence et la courtoisie. Cependant on doit à la vérité de dire que – toujours dans le manuscrit autographe – la voix placée tout de suite sous la première flûte relève de la deuxième flûte, non du piccolo. Sur de semblables préventions contre la voix la plus haute – dans un passage du dernier mouvement du quatuor K. 575 de Mozart –, voir la superbe interview de R. Kolish, *Zur Theorie der Aufführung. Ein Gespräch mit Berthold Türcke* : « T. : Là, j'entends la voix inférieure nettement plus clairement que la voix supérieure. – K. : Il est très probable que le deuxième violon sonne plus fort et plus sonore. Dans tous les cas, je me suis efforcé d'éviter l'inverse : ce son du soprane ! C'est ainsi que je l'entends : la voix supérieure se limite… – T. : … à représenter les harmoniques. – K. : Exactement ! » (*Musik-Konzepte*, XXIX-XXX, janvier 1983, p. 77).

En somme, on peut exprimer la musique absolue et faire commencer le « drame » dès le début – que Wagner adorait – de la « symphonie ».

L'introduction de *Moïse*, par exemple, est sans doute ce qui fait le plus subtilement penser à *Nabucco*, mais si le « choral » est évident chez Verdi, Rossini le dissimule avec une grande habileté :

En effet, il a omis le legato caractéristique de la forme et écrit des valeurs brèves *staccato*, en les semant de soupirs (autrement dit, exactement le contraire du choral d'école ou – plus simplement – traditionnel) ; tel qu'il est, il annonce l'avenir, et comment ! C'est digne de son œuvre pianistique tardive (c'est si vrai que pour trouver quelque chose d'analogue à la même époque, il faut aller chercher du côté de Beethoven, dans le deuxième mouvement de la sonate *op.* 14 n° 2, ou dans l'*Allegretto* de la *Sonate au clair de lune* avec ses accents forcés et l'emplacement bizarre de ses pauses) :

Eh bien! cette interruption émotive et dramatique, mais non dépourvue d'inspiration, qui saute aux yeux sur la partition, il ne m'est arrivé de l'entendre en public que lorsque la Scala était à l'Arcimboldi où les instruments, avec une violence ingénieuse, jetaient sur le profil abstrait du choral lueurs et flammèches.

La capacité à allumer de minuscules incises dans une « phrase dés-informée et entrecoupée d'éclairs[1] », tel est le miracle du maestro Muti pour le théâtre : les violons qui introduisent la scène et l'air de Lindoro dans *Nina* de Paisiello, par exemple, tiennent le *sol* pendant trois mesures, puis, pendant trois mesures encore, un interminable *ré* (s'ajustant, donc, sur la tonique et la dominante), mais au milieu gît une incise inaperçue de tout juste trois croches, un fragment de gamme :

Et c'est elle qui, pour Muti, doit devenir un chant. Il s'interrompt, puis fait observer à l'orchestre empreint d'une ignorance naturelle et bien innocente : « C'est un fait mélodique ! » (au-delà de la présence du *gruppetto* très lent). Remarque inattaquable : de toute façon, il va de soi que, pour le *sol* majeur de l'air, le *mi* récupère « l'intervalle du cœur », mais c'est l'instinct du maestro – d'où les guillemets – qui permet d'isoler infailliblement un motif qui, au plan nu et cru de la durée, entretient avec le contexte un rapport de 3:26 ! Ensuite, en lisant sur la partition une continuité de droit (la sixte *mi* se résout sur la quinte *ré)*, on apprécie davantage encore la solution de fait (l'incise joliment isolée), comme cela se produira aussi un peu plus loin à l'*incipit* du finale I. C'est ainsi qu'il sauve l'interfalle de sixte, comme cela se produit aussi dans un thème de l'incroyable Sonate VI de Haydn où Muti supplie les premiers violons de tenir la note « comme s'ils ne voulaient pas la lâcher » :

1. C. Bene, *Opere*, Bompiani, Milan, 1995, p. 1017.

À bien y regarder, Muti a tiré le plus grand profit du *gruppetto* qui, autour de ce *sol*, pousse avec une irrésistible hâte « lyrique »; c'est la même sensibilité qui inspirait à Wagner une authentique passion pour la petite cadence du hautbois dans le premier mouvement de la *Cinquième* de Beethoven; il s'en explique dans son *Dirigiren* (!) par un aveu: comme chef, il n'avait compris la symphonie dans sa totalité qu'à partir du moment où il avait pu « chanter » la mesure en question.

« Pour ce qui est du mouvement et de l'interprétation de la musique de Beethoven, écrit Wagner, j'ai tiré les meilleurs enseignements de l'écoute de la grande Schröder-Devrient, un chant plein d'esprit et d'accents; dès lors il me fut parfaitement impossible, par exemple, de laisser partir aussi distraitement la cadence suggestive du hautbois dans le premier mouvement de la *Cinquième*, comme je l'avais toujours entendu jouer jusqu'alors. Voici exactement ce qu'il en est: à partir de l'exécution juste de cette cadence, laquelle me fut « révélée » une fois pour toutes, je compris la signification profonde et l'expression contenue dans un passage dont certains vers étaient parallèles au premier mouvement lui-même, au point d'orgue du premier violon à la mesure 22. Ainsi, à partir de l'impression que me firent ces deux éléments à première vue totalement négligeables, mais en réalité authentiquement touchants, je parvins à avoir une compréhension véritablement vitale de la symphonie dans sa totalité[1]. »

Est-ce donc un hasard si, dans deux thèmes des mêmes *Sieben Worte* dont le profil est celui de ce *gruppetto*:

1. Richard Wagner, *Über das Dirigiren.*

Muti insiste auprès des instrumentistes ? La première fois en les priant de jouer « sans interruption et sans soubresaut : sinon, écoutez, ça devient tout de suite dansant[1] ! ». Et la seconde en leur donnant un conseil aussi simple qu'efficace : « Ce sera même un ornement mais vous, pensez-le toujours comme un fait mélodique, non comme un ornement[2] » ; ce qui renvoie mot pour mot aux fantaisies sublimes du *Dirigiren* quand il transforme en « chant » ce qui à première vue pouvait passer pour un détail négligeable[3]. La confirmation se trouve dans une page très dense des *Vêpres solennelles* où, entre orchestre et chœur, le *gruppetto* domine le profil des mélodies[4] :

Et pour que l'on comprenne bien, je ne puis faire à moins que citer le bref poème symphonique du Prologue du *Cré-*

1. Pour la partie des premiers violons des mesures 119-22 de *Sitio*.
2. Pour la partie de la flûte aux mesures. 90-94 du *Consummatum est*.
3. Sur les règles de Wagner et la vogue du *gruppetto*, voir mon *Il compito del traduttore : « Ave verum corpus » e la fortuna di Mozart*, SEU, Pise, 2006, p. 26-43 ; spécifiquement sur l'épisode de la Schröder-Devrient, voir aussi *Il compito del traduttore, 2 : Wagner « de optimo genere interpretandi »*, SEU, Pise, 2008, p. 81-91.
4. W. A. Mozart, *Vêpres, confiteor*, mesures 66-69.

puscule wagnérien quand, la Norne ayant fui, *les lueurs de l'aube se font plus vives, l'éclat des feux au fond va diminuant*, aussitôt avant que Siegfried et Brünehilde ne quittent la salle creusée dans le rocher[1] :

1. Pour le Prologue du *Crépuscule des dieux*, mesures 326-43, tout de suite avant le lever du soleil.

Cette fois, Muti offre aux musiciens et aux choristes un véritable apologue ; il s'arrête pour les mettre dos au mur avec une urgence toute spéciale : « Très bien, faites à votre guise ! Mais quand il faudra diriger le début de K. 550, que dire ? Que raconter ? » Autrement dit, avec ma modeste prose : violons contraltos et sopranos des *Vêpres* jouent le *gruppetto* à la traîne et s'en débarrassent, au risque d'en mal interpréter le lyrisme (au sens technique : la possibilité du « chant ») et, une fois placés devant le très célèbre *incipit* d'un chef-d'œuvre comme la symphonie en *sol* mineur de Mozart, d'être les premiers à en faire l'insupportable *charivari*[1] à quoi la réduisent presque toujours des chefs qui ignorent combien sont mélodieux même le *molto allegro* et la série de secondes du K. 550 ! En somme, Muti se sert ici de la comparaison charismatique pour exhorter – une fois encore, non la dernière – au chant, et peut-être est-il convaincu dans le fond de son cœur que Sylvie Vartan n'a pas eu tout à fait tort d'en faire une chanson d'amour : « *Questa musica vibra nell'aria /et racchiude una grande magia /mi trascina in un mondo incantato /dove regna la tua fantasia* »[2] ; Stefani a pu écrire : « La mélodie mozartienne est, comme chacun peut l'entendre, extrêmement chantante. [...] La chanson parachève la réduction populaire de son motif en y ajoutant des paroles et une appropriation vocale. N'était-ce pas un motif susceptible d'être chanté ? En le chantant, on le ramène à sa condition idéale et originelle[3]. » Comme le montrent les répétitions des *Vêpres,* ce motif éclaire un état de fait : pour le maestro épris de chant, le *gruppetto* en constitue l'emblème, et c'était aussi le cas du jeune Richard Wagner (qui – je me répète – commença par se rendre célèbre comme chef d'orchestre) ; le prototype n'est pas « ancien », il est simplement illustre et permet

1. En français dans le texte. (*NdT*)
2. *Caro Mozart*: la chanson de Vartan date de 1971. Plutôt que de se pincer le nez d'un air supérieur, saluons le fait qu'elle ait choisi l'italien pour un texte qui dirait en français : « Cette musique vibre dans l'air / Et contient une grande magie / Elle m'entraîne dans un monde enchanté / Habité par ta fantaisie. »
3. G. Stefani, *Capire la musica*, Espresso strumenti, Roma, 1978, p. 66.

aujourd'hui de distinguer Muti de tous ceux que Schenker appelait, avec une amertume teintée de mépris, « *die jungen Dirigenten*[1] », ceux qui intentionnellement, et en vertu d'un parti pris, ne « chantent » même pas le refrain de *La donna è mobile.*

« Comme s'ils ne voulaient pas la lâcher » est donc, depuis l'époque de Wagner, la véritable règle de qui joue dans un orchestre. Aussi, toujours dans un passage des *Vêpres*[2] qui, par-dessus le marché, s'attaque « comme une danse », ce qui importe à Muti est de « ne pas perdre la tension du son dans la note longue ! »

à l'instar de ce que je lis dans *Über das Dirigiren* : « Rien n'est devenu plus étranger à nos orchestres que le fait de tenir une note toujours avec la même force. Je mets au défi n'importe quel chef d'obtenir d'un instrument de l'orchestre un *forte* tenu et constant : il verra quelle stupeur inspire aux musiciens ce genre de requête pourtant juste et banale, même si tous la

1. H. Schenker, *Die jungen Dirigenten* (1896), in *Heinrich Schenker als Essayist und Kritiker*, publié par H. Federhofer, Olms, Hildesheim, 1990, p. 175-81.
2. *Dixit*, mesures 117-22.

jugent extravagante[1] ! » Ainsi, à la soprano qui, dans l'*Iphigénie en Tauride* de Gluck, devait être, à la scène 5 du premier acte, *une autre femme grecque*[2] :

le maestro se plaint aimablement : « *Signora :* "Guè-è-è-èrre." Note longue ! Longue et toujours la même ! » Puis, après un bref silence : « C'est un défaut [la tendance à laisser le son se perdre] de la jeune génération, orchestre compris ! »

La passion pour *une* note n'est pas seulement la sacrosainte tutelle d'une technique sonore écrasée par la superficialité (comme c'était le cas pour Wagner), mais aussi le signe d'un contrôle suprême des détails qui, en dépit des apparences, n'exclut pas l'ensemble, mais au contraire, et surtout devant le public d'un théâtre, fait que *tout* est susceptible de représentation et passible de pathos. Je prends comme un exemple parmi tant d'autres ces trente mesures, à la fin de ce *Moïse* mentionné plus haut, le magnifique *Meeres Stille* qui traduit Beethoven et Schubert en « style italien », tout en exprimant le « calme terrible de la mort » à l'œuvre dans la poésie de Goethe. Muti doit avoir compris ce que tente Rossini avec cet accord final de *do* majeur ; il nous murmure à l'oreille la dernière phrase de Socrate mourant : « Criton, nous devons un poulet à Esculape, donnez-le-lui, n'oubliez pas. » Non sans l'éclairage oblique de Nietzsche qui l'expliquait en la rapportant

1. R. Wagner, *Über das Dirigiren*, *op. cit.*, p. 283. Pour comprendre à quel point il estimait impossible de l'escamoter, il suffit de compter le nombre d'occurrences de ce concept : p. 269, 272, 279, 282 *sq.*, 286 *sq.* et 295.
2. En français dans le texte. (*NdT*)

à notre désolante condition : « Entende qui a des oreilles pour entendre, ô Criton, la vie n'est qu'illusion[1] » :

Pour la première fois, en écoutant Muti, j'ai vu sur la partition le double tétracorde descendant qui, *in articulo mortis*, précède, hélas ! le *do* resplendissant (une « basse de lamentation » écrite naturellement en *do* mineur : *do*, *si* bémol, *la* bémol, *sol*), de sorte que le silence final rappelle un peu la sombre satisfaction d'un libertin, la question irrésolue de Schumann : *Warum ?* (« Et maintenant ?[2] »).

La marche des Hébreux, au premier acte, arrive « de loin » et provoque la sensation réfléchie hors scène : une figure qui depuis le XVIIIe siècle appartient à l'histoire de la musique

1. Le dernier propos de Socrate se lit chez Platon, dans le *Phédon*, 118, et la glose du philosophe dans *Le Gai Savoir*, livre quatrième, fragment 340 : « Fut-ce la mort ou le poison, la piété ou la méchanceté ? – quelque chose à ce moment lui délia la langue et il dit : "Oh ! Criton, je dois un coq à Esculape." Ces "dernières paroles", ridicules ou terribles, signifient pour celui qui a des oreilles : "Oh ! Criton, *la vie est une maladie !*" Comment est-ce possible ? Un homme qui avait été joyeux, comme un soldat – cet homme était un pessimiste ! C'est qu'au fond, toute sa vie durant, il avait fait seulement bon visage et toujours dissimulé son jugement, son sentiment profond ! » Pas de meilleur commentaire que ces lignes à l'*explicit* rossinien.

2. R. Schumann, *Fantasiestücke*, op. 12, I. 3, *Warum ?*, aux douze dernières mesures.

(*crescendo* et *diminuendo* de quelqu'un qui s'approche pas à pas, puis s'en va doucement), renaît ce soir-là avec la puissance d'une véritable *Ritirata notturna di Madrid*[1]. Il doit s'agir d'une insigne prérogative du maestro car elle lui avait permis, des années auparavant, de sauver la « situation » identique – dans un passage diabolique des *Noces de Figaro*, inquiétant pour les exégètes, ordinairement négligé par l'orchestre et donc fatalement invisible des spectateurs (finale III : *Ecco la marcia, andiamo*) :

Commentaires stupéfaits : « curieuse marche nuptiale en vérité, qui a quelque chose de rigide et de contracté, quelque chose d'acide[2] », « produit un certain effet d'étrangeté, comme une marche de soldats de plomb[3] ».

1. Le morceau bien connu, que Boccherini récrivit plus d'une fois avec de légères variantes, et dont seule l'instrumentation moderne de Luciano Berio – « Quatre versions originales de la *Ritirata notturna di Madrid* de L. Boccherini superposées et transcrites pour l'orchestre » (1975) – sut rendre le « contenu de vérité », simule une fanfare passant dans la rue avec un fracs de plus en assourdissant, puis s'éloignant jusqu'à devenir imperceptible. L'effet, très fréquent sur les scènes d'opéra (je ne citerai pour exemples évidents que *La Damnation de Faust*, III, *La Retraite*, *La Bohème*, II, n° 27 *Allegro alla marcia*; *Tannhäuser*, prélude, mesures 1-80, I sc. 3 et III sc. 1) court presque toujours le risque, comme il arrive parfois dans les *crescendi* rossiniens, de se perdre à cause d'une mauvaise direction de la dynamique de l'orchestre ; les *Noces* mozartiennes en sont un exemple, comme on le verra dans un instant.

2. J. V. Hocquard, *Le nozze di Figaro di Mozart*, Emme, Milan, 1981, p. 129.

3. M. Mila, *Lettura delle « Nozze di Figaro »*, Einaudi, Turin, 1979, p. 143.

Muti rend simplement « scénique » une musique qui, tout compte fait, ne l'est pas[1] : même sans avoir lu – comme c'est son droit – la *Story of the Orchestra* de Bekker, il en accomplit le postulat à merveille[2], avec cette façon instinctive de se perdre dans la partition, par cette approche dont Adorno, en dix lignes très habiles *de optimo genere interpretandi*, a fait le critère infaillible de tous ceux qui sont forcés de réaliser, bien ou mal, la musique : qui veut interpréter une portée de musique doit cesser de réfléchir et se contenter de la « copier ». Dans un paragraphe un rien extravagant du *Fragment sur les rapports entre musique et langage*, il écrit bel et bien ceci :

« Interpréter le langage, c'est le comprendre ; interpréter la musique, c'est la jouer. On nomme "interprétation", en musique, l'exécution qui, globalement, conserve la similitude avec le langage tout en gommant dans le détail tout ce qui présenterait cette similitude. C'est pourquoi l'idée d'interprétation appartient en propre à la musique et ne lui est pas accidentelle. Mais bien jouer la musique, c'est avant tout bien parler son langage. Ce langage demande à être mimé, et non déchiffré. Ce n'est que dans la pratique mimétique – qui peut bien sûr s'intérioriser sous la forme de l'imagination muette, à l'exemple de la lecture muette – que la musique peut éclore ; jamais dans une contemplation qui l'interprète indépendamment [*unabhängig*] de son exécution. Si on voulait trouver dans le langage un acte comparable à celui de la musique,

1. Réalisant d'instinct le *desideratum* du meilleur des historiens du théâtre mozartien, S. Kunze, qui écrit : « Tout le finale appartient à la catégorie de la musique pour la scène au sens où – de même que tous les autres épisodes musicaux – il doit s'entendre comme musique véritable, même sans être *stricto sensu* "musique de scène" » (in *Mozarts Opern*, Reclam, Stuttgart, 1984, p. 259).

2. Dans cette magnifique *Histoire*, un effet « symphonique » parmi les meilleurs se révèle être la possibilité du *crescendo* et de l'inévitable *decrescendo*, à supposer que c'est bel et bien la scène opératique qui l'a transmise à l'orchestre symphonique : situation qu'il fallait forcément maîtriser chaque fois qu'un groupe, du fait de l'intrigue, s'approchait, entrait, puis s'en allait. « L'illustration d'une foule s'approchant puis se retirant fut une opportunité bienvenue pour l'utilisation du *crescendo* et du *decrescendo* », de sorte que « chaque épisode sur le plateau justifie une expansion et une expression orchestrale » (*The Orchestra*, Norton, New York, 1963, p. 75-76).

ce serait la copie d'un texte [*abschreiben*], bien plutôt que la saisie de sa signification[1]. »

Telle est, à notre humble avis, la qualité distinctive du maestro ; c'est elle qui lui fait dire au début du deuxième acte de *Nina* : « Pas besoin de signalisation routière, certaines choses sont implicites en musique. » Il travaille autrement que ceux qui s'efforcent souvent de « maintenir la distance de l'exécution » (à l'exemple – soyons clair – d'un chef du calibre de Carlos Kleiber, quand il « *unabhängig von ihrem Vollzug deutet* »[2] !). Dans le *Per l'amata padroncina* de Susanna, en signalant l'évidence de la formule stylistique, et donc l'inutilité de sa propre personne en tant que « batteur libre », il fit à l'orchestre la suggestion suivante : « Jouez comme ça vous vient spontanément » :

Exactement comme Toscanini avouant à Adriano Lualdi : « Très souvent je sens que c'est le chœur et l'orchestre qui ont besoin de chanter ; alors, sans qu'ils s'en aperçoivent, je les abandonne un peu à leur sain instinct, à un enthousiasme qui, à ce moment-là, est sacré : et c'est moi qui les suis[3]. »

1. *Fragment über Musik und Sprache*, in *Gesammelte Schiften*, XVI, Suhrkamp, Francfort, 1978, p. 253 ; tr. fr. in *Quasi une fantasia*, Gallimard, 1982, p. 5-6.

2. « Se tient à distance de son exécution ».

3. A. Lualdi, *L'arte di dirigere l'orchestra*, Hoepli, Milano, 1940, p. 55. L'inoubliable Romano Gandolfi – un homme qui avait la musique dans le sang depuis qu'il avait joué, enfant, de l'accordéon dans les bals de la région de Fidenza, puis, devenu grand, compris mieux que personne ce que voulait dire le « copier » d'Adorno – devait faire à peu près la même remarque ; au terme d'un *Nabucco* marqué par le pathos de la première à la dernière note, à une fille qui le complimentait, il répondit avec une retenue pleine de réserve et de noblesse : « Mademoiselle, par moments je sentais qu'ils voulaient "y aller", alors je les ai laissés "y aller" » (Busseto, 27 juin 2001).

Au contraire, dans *Les Noces*, au début du quatrième acte, c'est seulement en apparence que la « formule » s'amuse avec la musique *d'antan*[1] (même si Abert cite Paisiello) : *L'ho perduta me meschina* représente en fait le point culminant d'un vide indicible :

Vraiment, comment ne pas voir dans la plainte pathétique de Barbarina une parenté avec le « *Vo cercando e non ritrovo la mia pace, il mio conforto* » de Cecchina, à l'*incipit* du finale de la *Buona Figliola* (Piccinni, 1760) ? Aux répétitions, tout comme Stranislavsky, Muti s'arrête pour que la soprano se corrige, afin de lui suggérer : « *Signora*, vous n'avez pas simplement perdu une épingle : à peine savez-vous ce que vous avez perdu. » De même le grand metteur en scène russe, au temps où il enseignait, recommandait-il un jour à une élève : « Tu ne vas tout de même pas essayer de nous faire croire que, la première fois, tu cherchais une épingle ? Tu n'y pensais même pas, à l'épingle ! Tout ce que tu voulais, c'était souffrir, pour le plaisir de souffrir. La deuxième fois, en revanche, tu cherchais pour de bon. Nous l'avons tous constaté ; nous l'avons compris et nous avons cru à ton embarras, à ta perplexité. De sorte que cette recherche, la première fois, ne valait rien, c'était juste de l'exhibition théâtrale. La deuxième fois, ça marchait très bien[2]. »

Dans le finale de l'opéra, avec les changements à l'improviste de tempo et de tonalité, se matérialisait la représentation

1. En français dans le texte. (*NdT*)

2. C. Stanislavski, *La Formation de l'acteur*, Pygmalion, 1997 ; Petite bibliothèque Payot, 2001. Il avait proposé à son élève de jouer la « situation » suivante : le jour même où sa mère se fait licencier, une fille égare la précieuse épingle offerte par une amie pour l'aider.

des *ensembles*[1] – une alternance qui, entre *Lento* et *Allegro*, reproduit à l'outrance l'étonnement et le désarroi – sans risquer de se répéter, puisque tous les épisodes vivent ensemble sous l'abri idéal d'une indication agogique : *Religioso*. C'est elle, tout de suite, qui nous paraît juste, la seule qui puisse expliquer sans barguigner l'analogie substantielle et scabreuse entre le corps de la Contessa et le *verum corpus* du dernier motet[2].

Oui : la surprise d'un « son » neuf. Dans *Les Sept Dernières Paroles du Christ en croix*, Muti considère la dernière sonate *In manus tuas Domine* comme « la plus étrange et obscure » ; aussi, avant de commencer, il ne dit pas un mot mais, *inclinans se deorsum*, chanta – évidemment le seul moyen à sa disposition pour s'entendre avec l'orchestre – la « devise » initiale :

Geste du genre irrévocable : « Partir du chant : ce chant qui, de Mariani à Mancinelli en passant par Toscanini et Serafin, a toujours été pratiqué et continue de l'être par les plus grands directeurs d'orchestre ; car, du point de vue de l'efficacité et de la précision, rien n'égale l'action de *chanter* une phrase, un départ, une simple incise, à l'artiste qui est sur scène ou au musicien de l'orchestre, pour lui faire entendre, en lui offrant *le modèle à imiter*, un caractère, un mouvement, un accent, une respiration, un sentiment intime : en somme, tout ce qui constitue l'*ineffable* de la musique, autrement dit son essence même[3]. » *In manus tuas*, quasi dès le début, contient le profil standard des cors (les « quintes de cors », comme on dit, qui doublent les hautbois) et devait être – *dixit* le maestro en répé-

1. En français dans le texte. (*NdT*)

2. *Ave verum corpus*, K. 618. Celui que reprend Muti traverse la bibliographie : Mila, *op. cit.*, p. 176 *sq.* (« solennité improvisée, *sancta sanctorum*, imploration, prière plus intense, venue de la grâce, climat religieux, choral religieux »), et Hocquart, *op. cit.*, p. 163 (« très voisin par l'esprit de la dernière attaque du motet sur *in mortis* »).

3. Ces lignes sont de la plume du merveilleux et peut-être négligé Lualdi, *L'arte*, *op. cit.*, p. 54, toutes les italiques étant de l'auteur.

tition – une musique « qui vient de loin ». Ce geste pour signaler d'emblée son intention de détacher du reste de l'œuvre l'épisode des mesures 8-12 (et donc 88-92 dans la « reprise ») :

Le soir du concert, ce morceau fascina de façon indicible car le maestro, écartant d'emblée une mélancolie générique, se faisait à mes yeux tendrement allusif. Le lendemain, j'ouvris la partition pour y voir confirmé ce que Muti, avec la familiarité du dramaturge, avait accompli. Ce ne sont vraiment pas les cors qui manquent dans les *Sieben Worte* de Haydn : ils font partie de l'effectif dès le début. Mais pas une fois – à l'exception du fragment correspondant aux mesures 50-52 du *Tremblement de terre* (*Terremoto*), noyé dans la dynamique du *fortissimo* – le couple ne joue selon la formule caractéristique et dilatée de la succession 6te-5te-3^{ce} ; on sait qu'elle appartient par « nature » à l'instrument au point de justifier l'étiquette commune de « quinte de cors » (une œuvre aux dimensions colossales comme le concerto l'*Empereur* nous remue de la tête aux pieds). Dans *Les Sept Paroles*, c'est le contraire qui se passe ; les cors réalisent presque toujours une série d'octaves, ou la succession 8^{ve}-5te. Haydn a donc soigneusement mis la formule de côté pour la reprendre ensuite en lui donnant le rôle de noble métaphore, en la destinant à l'expression du *In manus tuas, Domine, commendo animam meam* (« mon Père… mon âme… prends-la par la main ! »), lorsque Jésus rentre chez lui après avoir souffert la Passion. (Aujourd'hui encore, pendant le « rite du renvoi », on a recours à des expressions comme : « Il est retourné aujourd'hui dans la maison du Père. ») Figure de la nostalgie, mémoire du pays qui, dans nombre de *lieder* de Schubert, permet à celui qui s'en va de conserver le mirage du retour ou d'exprimer l'inflexible chagrin du *heimatlos*, de l'apatride. Il s'agit notamment d'une tradition allemande, tant il est vrai que même les recueils populaires à usage domestique en exploitent abondamment le concept, sans crainte de se répéter (et, une fois à la maison, peu importe s'il finit sur le clavier d'un piano et non avec des cors : tout le monde accepte de bon gré l'indispensable arrangement !). On pourrait multiplier les exemples ; cependant la mélodie de Haydn, à ce moment-là, est élémentaire et identique à ce que murmure Gretel à la lisière du bois dans l'opéra de Humperdinck, « *Ein Männlein steht im Walde ganz still und stumm* » :

Im Walde.

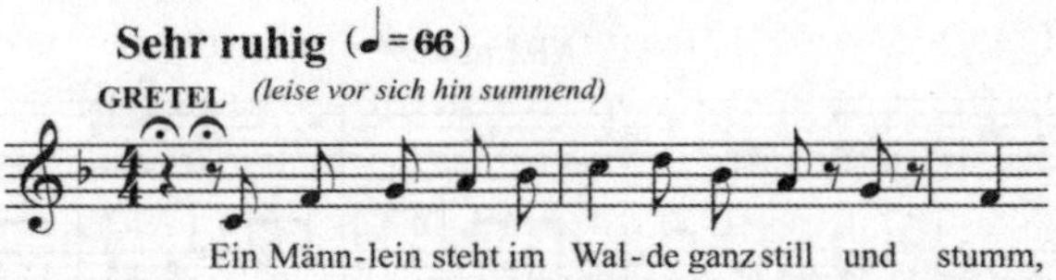

Raison pour laquelle, par rapport à la figure postérieure, le cas précoce de 1785 (l'année des *Sieben Worte*) contient quelque allusion – on me pardonnera la chronologie scolaire – à la saveur préromantique ; dans une œuvre faite entièrement d'« *Empfindungen* » – de « sentiments » – et quasi exempte de signes de « *Malerei* » – « peinture » – (j'en compte trois à peine, le *Tremblement de terre* mis à part : la « cadence » du *Consummatum*, la « pluie » du *Sitio* et la « patrie » du *In manus*), Muti a cueilli infailliblement l'épisode mimétique, renforcé par l'effet d'écho, assumé mais théâtral par obligation, que les dernières mesures de flûte et de cors portent à achèvement. À l'attention des musiciens de l'orchestre, il traduisit alors par ces mots : « comme s'il n'y avait plus de lumière », la didascalie *sempre più piano* qui a la tiédeur des bancs d'école : « Son nid est là, dans l'ombre, qui attend, qui gazouille *sempre più piano.* » Dans l'écho, l'incise se répète *pp*, le maestro a deviné les caractéristiques épisodiques de la peinture sonore et les a – je ne puis m'empêcher de le répéter – mis en scène avec précision.

Avec la même assurance exacte, instinctive et (si l'on peut dire) inconsciente, il reproduisait en 1994 la figure en dirigeant au théâtre de Ravenne[1] ce passage extrême de *Norma* où les amants se livrent à un affrontement dramatique : après un motif de seizième qui rappelle un peu les frissons de l'ouverture, un fragment à l'unisson de gamme ascendante, solution plutôt attendue à côté du « point d'orgue » sur l'accord de dominante, il introduit le duo *In mia mano alfin tu sei*, après avoir été précédé par le thème des cors :

J'ai toujours trouvé ces incises non seulement convenues, mais trop mimétiques, bariolées, allusives, bref : inévitablement surexposées et par conséquent indiscrètes dans le finale d'une tragédie aussi austère que l'est *Norma*. Ce soir-là, pourtant, les cors se firent très lointains, presque imperceptibles, voués à un effet d'écho figurant nostalgie et souvenir (sentiments destinés à se répéter, comme l'on sait). Pour la première fois, je compris la beauté d'un lieu que je croyais connaître sur le bout du doigt, et ce fut comme si Muti me disait avec une douceur digne d'Apollinaire : « Les souvenirs sont cors de chasse / Dont meurt le bruit parmi le vent[2] ».

1. On ne le dira jamais assez : de toutes les exécutions qui en furent redonnées, les meilleures, hélas ! ne furent presque jamais celles de la Scala, le théâtre à taille humaine constituant – en province – un inestimable *atout*.

2. « Cors de chasse », *Alcools* (1913). On lira avec profit le curieux *Nove arabeschi e un « Messagio » di romantico affetto al « corno da caccia » passato dal bosco all'orchestra* d'A. Ferriguto, Chiamenti, Vérone.

Semblable est la « créativité » inconsciente demandée à tout interprète digne de ce nom : les mêmes mots qui, un soir, quelques heures à peine avant une interprétation du *Requiem* verdien en l'église San Lorenzo de Florence, furent glissés à l'orchestre en guise d'avertissement (avisé que la basse Stefan Elenkov ne comprenait goutte au texte latin et risquait de se laisser piéger à tout moment, Muti leur dit : « Ce soir, quoi qu'il arrive, ne regardez que moi ! »), ces mots deviennent, lors d'une répétition exemplaire avec l'Orchestra Giovanile Italiana, le signe de l'artiste authentique, de celui qui abhorre le « fantasme de la confection[1] » : « Ne réfléchissez pas toujours *ainsi* ! Ce soir, regardez-moi et suivez-moi : quelque chose d'autre… Je ne sais pas encore ce que je ferai *ce soir* ! » Et songez maintenant à ceci. Dans une page du *Monologue*, Carmelo Bene, voulant adresser des reproches à l'acteur qui, sur scène, minimise son rôle pour se faire simple narrateur « épico-didascalico-démonstratif » du texte, prend exactement l'exemple du chef d'orchestre : « Un chef qui, après la dernière "répétition générale", abandonne sa baguette pendant la "première", quitte à se montrer ensuite parfaitement capable de protester parce que "les choses ne se sont pas déroulées comme elles auraient dû, à commencer par les interprètes", le résultat étant tout juste préférable à une débâcle ; peut-être, au moins, un "je-ne-sais-quoi" involontaire, irresponsable, *gratuit*, pourrait se pencher à la fenêtre tendue de velours rouge, ouverte sur l'assentiment indifférent d'un public qui, désormais *anesthésié* par un texte *mort*, peut réclamer une tranquillité ultérieure[2]. »

Il va de soi, précisément du fait de ces caractéristiques, que l'on n'écoutera pas les disques d'un chef tel que Riccardo Muti comme d'autres : interdiction formelle de s'asseoir devant les haut-parleurs et de s'anesthésier trente fois avec le même effet qui – à se répéter – devient un « non-effet », une chose morte !

Peut-être est-ce justement l'*aplomb*[3] qui l'a déçu, cet après-midi-là à la Torraccia de Fiesole[4] : « L'ordre, nous le

1. Ce très heureux slogan se lit dans C. Bene, « *Sono apparso alla Madonna* », in *Opere*, *op. cit*.
2. *Ibid.*
3. En français dans le texte. (*NdT*)
4. La Villa Torraccia, à Fiesole, abrite l'école de musique. (*NdT*)

laissons aux autres. » Telle est la phrase qu'il avait lancée peu avant aux musiciens de l'orchestre, pour la plus grande satisfaction de ma fibre nationaliste, laquelle, l'espace d'un instant, se découvrit anti-Philharmoniker. Voilà une confession qui arrache au « style international » de l'industrie discographique la possibilité d'un son « national », et le sauve de la précipitation avec laquelle il est aujourd'hui chosifié. Répétant Paisiello, et prévenant les musiciens de l'arrivée imminente du *fp*:

il les rassura en disant qu'ici, à Milan, c'était de la bricole : il suffisait d'arrêter brusquement l'archet et de mettre « beaucoup de main gauche sur le *p*, sinon le son meurt ». En revanche, « à Vienne, il faut toujours dix minutes d'explication pour éviter d'obtenir le *f* habituel, suivi du non moins habituel *diminuendo*[1] ! ». L'erreur doit être fort répandue dans les pays de langue allemande pour que l'on trouve, dès la fin du XIXe siècle, des indications telles que : « Cordes et vents ont l'habitude de jouer, au lieu du *fp* indiqué, un *forte-diminuendo*. C'est une bévue courante dans presque tous les orchestres, et qui détruit une bonne partie de l'effet voulu par le compositeur. Pour permettre à la note de passer immédiatement au *piano* après le *forte* initial, il faut demander aux cordes de retenir l'archet tout de suite après l'attaque et aux vents de retenir leur souffle[2]. »

Une opposition dynamique résolue, précieuse sur scène, est la métaphore du drame : le genre au fond duquel « le

1. Le maestro faisait répéter l'air de Giorgio dans *Nina* (« *Del suo mal non v'affliggete* »), au deuxième épisode (« *Se vedeste, mio signore* »).

2. C. Schroeder, *Katechismus des Dirigierens und Taktierens*, Hesse, Leipzig, 1889, p. 37.

caractère commun, quoi qu'il en soit, demeure celui de représenter un conflit[1] ». Au point que Muti en fait valoir le modèle au début du finale I de *Nina*, quand le quatuor attaque avec un *coulé* court et *forte* (une levée de doubles et triples croches), suivi des croches détachées *piano*. Pour lui, au mépris du tempo soutenu et de la liaison, la barre de mesure devait représenter dans ce cas une authentique frontière :

« Ce sont deux choses différentes : la première est une impulsion, la deuxième demande simplement de marcher. » (Ce même finale s'achèverait par un *Più allegro* à jouer « un peu follement, car il est trop… » – ici, unissant les pouces et les index, il fait des deux mains son geste habituel pour dire : « parfait ».)

Dans *Don Giovanni*, à Ravenne, aucun de nous ne savait rien de ces récitatifs : un détail susceptible de conditionner de façon imprévue toute une représentation. Non seulement ils accomplissaient le *desideratum* de Mozart (dans la lettre qu'il adresse de Mannheim à son père, le 12 novembre 1778, il écrit d'une plume enthousiaste, au sujet des opéras de Benda : « Par moments, on parle sur la *musique*, et cela fait la plus magnifique impression. […] Savez-vous qu'elle est ma manière de voir ? On devrait traiter de cette façon la plupart des récitatifs dans l'opéra »), mais ils offraient

1. S. D'Amico, à l'entrée « Drame » de l'*Enciclopedia italiana* (1949).

aussi, dans l'espace de ces trois heures, de vraies surprises. La forme d'accompagnement résolue par le maestro, bizarre en apparence – une note, un accord et surtout, enfin ! beaucoup de silences –, fut dès le début un enchantement à même de fournir la sveltesse euphorique que mortifient les accords habituels, joués l'un après l'autre, et les insupportables cadences. À un critique illustre qui, en toute légitimité, eût préféré un chef « plus complet et équilibré », tout cela – cette nouveauté très *à la Mozart* – sembla « velléitaire » ; pour nous, la soirée restituait l'intrigue et, avec l'intrigue, le drame. Puis, au finale du premier acte, nous avons pleinement apprécié les trois célèbres danses, passage archiconnu et commenté, évanescent au théâtre puisque les chefs, *law and order* comme ils sont, et vu leur tendance à arrondir les angles, préfèrent les disjoindre en faisant prédominer l'une des trois (le menuet, comme par hasard) ; jamais il ne nous fut donné, comme ce soir-là, de les entendre retentir avec autant de peine, d'en apprécier l'âpre saveur, le goût de *vérité*. L'espace réel, sur le plateau, était entièrement aux mains du maestro : il l'animait comme le meilleur des « *metteurs en scène*[1] ».

Pour rester dans le sujet, prenons un finale I, celui de *La donna del lago* de Rossini. Qui, avant Muti, a compris que la fanfare sur la scène n'est pas une fanfare (ou alors dans l'acception héroïque de Hans Werner Henze), mais le double généreux de l'orchestre, dont il fallait restituer l'éclat :

Un nouveau problème résolu cent soixante-dix ans après la « première » ? Je le crois. Et si bien résolu que j'avoue m'être demandé, en l'écoutant, pourquoi Muti n'avait pas le courage de faire ce que Wagner et Mahler avaient tenté avant lui : instrumenter *ex novo* le hors-scène

1. En français dans le texte ; les guillemets sont de l'auteur. (*NdT*)

afin de lui épargner la poussière de la fanfare jouant sur le plateau. De nous avoir suggéré spontanément une telle interrogation, nous lui fûmes, quoi qu'il en soit, extrêmement reconnaissant.

Certes, encore une fois, c'est tout à l'honneur du maestro que d'avoir rempli l'espace (à la Rossini) ou choisi (à la Artaud) un langage singulièrement concret pour le faire parler. Mais je m'aperçois que j'ai établi presque distraitement, jusqu'ici – par un de ces réflexes où le cœur met vraiment l'*esprit* en déroute –, une analogie entre « Muti » et « metteur en scène ». C'est qu'au moment où j'écoutais la *Nina* de Paisiello, me tournait dans la tête un essai illustre sur le théâtre et la métaphysique où l'on peut lire que ce sont les éclairs qui font le théâtre – « coup de foudre », *id est* « coup de théâtre » ! –, éclairs qui blanchissent *Loth et ses filles* dans le tableau de Lucas van Leyden : « Son pathétique en tout cas est visible même de loin, il frappe l'esprit par une sorte d'harmonie visuelle foudroyante, je veux dire dont l'acuité agit tout entière et se rassemble dans un seul regard[1]. » Les chauvins endurcis pourront en lire une quasi-traduction sous la plume de Carmelo Bene exposant son idée du théâtre : « Comme des feux d'artifice nocturnes, les mots éclairent, lacérant le ciel, et chacun d'eux palpite de sa vie propre, incandescente, se donne en phrases, et si le sens se perd, d'autres éclairs foudroyants, déjà, scintillent là-haut, dans l'au-delà du sens[2]. » Ainsi toutes les incises et tous les motifs de la *Nina ossia La pazza per amore*; à la fin (*Oh che dolce sospirare !*), après que le maestro eut plaisanté en invitant les instrumentistes à « attacher les ceintures de sécurité », dans ce tourbillon un peu fou, les insertions très lentes du chœur, isolé des points d'orgue *Figlio è amor della pietà*, devinrent comme son contraste rhétorique

1. A. Artaud, « La mise en scène et la métaphysique », in *Le Théâtre et son double*, in *Œuvres complètes*, IV, Gallimard, 1964.
2. C. Bene, *Marlowe*, in *Opere*, *op. cit.*

et se détachaient avec le prestige du *noème*, la brève section homophonique surgissant à la fin de l'antique motet polyphonique[1], jusqu'à dégringoler avec les prouesses de la dernière accélération sur les accords en cadence : « Voilà des formules ! Jamme !! Ce n'est pas Beethoven !!! », s'exclama le maestro pour l'inviter à *serrer* au-delà de l'imaginable. Quelque chose d'analogue à la fin de *Don Giovanni* embarrassait Mahler comme un obstacle futile dressé devant la mort supraterrestre du héros : les survivants se précipitent des coulisses de droite (« *Ah dov'è il perfido ?* »), poursuivis par les éclairs des projecteurs, mais c'est Muti, non le metteur en scène qui, avec le son, trouve une *autre* lumière. Il pousse l'*Allegro assai* dans le précipice, le freine pour l'insertion des amants (« *Or che tutti o mio tesoro* ») ; nous autres, dans le noir de la salle, savons que par rapport à la n° 15, il a inventé une autre « scène ». Tout est en place : c'est bien *ainsi*.

J'ai écrit « incises » : parce que ce sont les instants shakespeariens de l'« illusion parfaite » (Stendhal) et les « instants de son et de choc » que Thomas Eliot endurait dans Sénèque et Shakespeare. Eliot et Stendhal : en voilà deux qui s'y entendaient en théâtre ! en de tels instants, l'identification dérobe le spectateur à lui-même et transforme la simple « expérience » en « vécu » ; ce n'est plus l'« *Erfahrung* » mais l'« *Erlebnis* ». Au style du maestro – sans qu'ait à en souffrir l'ensemble, la « cohérence unitaire » fondée en musique par E. T. A. Hoffmann (en

1. Pour cette acception du terme, voir C. Kuhn, *Analyse lernen*, Bärenreiter, Cassel, 1994, p. 68.

plus de l'avoir été, cela va sans dire, par Aristote) –, appartiennent le fait de distinguer les sommets expressifs, le courage de les isoler : dans les cent deux mesures du très long *Confitebor* des *Vêpres*, par exemple, les mesures 63-65 étaient pour lui « le *seul* moment de grande poésie de tout le morceau » :

Il en fut ainsi lors de la représentation de *Manon Lescaut*. Incomparable fut la réminiscence du menuet à vingt mesure de la fin, dans l'interprétation de Muti. D'ordinaire, on se contente de le donner à entendre et, cédant à l'impudeur, de le bichonner. Ce soir-là, au contraire, il se noyait, mystérieux et méconnaissable, et l'on aurait voulu le retenir avec le même désespoir que la protagoniste. Tels les yeux de la mère d'Andersen ou la fille de bande dessinée de Roy Liechtenstein, elle apparut sur le fond du lac : « *I don't care ! I'd rather sink than call Brad for help*[1] *!* » Dans le puits du jardin de la Mort, « le destin de l'autre n'était que malheur et misère, infortune et tourment[2] ».

Le soir du 1er décembre 1970, l'impatient fracas du tambour en fer-blanc éclate sur la scène à l'instant où un baryton découragé s'ouvre de ses peines de cœur (les plus élémentaires et les plus insupportables : un amour non partagé), et la musique s'efforce de les leurrer avec une « affection » aussi maladroite que l'amour de la patrie. Soudain la fanfare extraordinairement puissante « emplit le lieu » – comme dirait Rossini[3] – avec l'objectivité d'un décor scénique, maté-

1. « Je m'en fiche ! J'aime encore mieux me noyer qu'appeler Brad au secours ! » (*NdT*)

2. H. C. Andersen, *L'Histoire d'une mère*, in *Œuvres*, Gallimard.

3 « La musique est alors, pourrait-on presque dire, l'atmosphère morale qui emplit le lieu où les personnages du drame représentent l'action » (G. Rossini, cité par Antonio Zanolini dans *Una passeggiata in compagnia di Rossini*, reproduit dans L. Rognoni, *Gioacchino Rossini*, Einaudi, Turin, 1977, p. 379).

riel inconnu, dépassé et méconnaissable, attirail de brocanteur. Voilà ce qu'obtenait le jeune Riccardo Muti, à trente ans, dans le début des *Puritains.* « Je dis que la scène est un lieu physique et concret qui demande qu'on le remplisse, et qu'on lui fasse parler son langage concret[1] » : les tambours qui jouaient de divers côtés, *Verso Prometeo* en une sorte de très moderne *Quadrivium* ou de *Répons*, comme on voudra, on les découvrait différents et ils étaient à ce point visibles qu'ils me rendaient miraculeusement inutile la présence du metteur en scène[2] :

J'ai tâché de me rappeler, le lendemain, ce que faisaient les acteurs pendant ce temps, où était le chœur et s'ils l'avaient pourvu d'un arrière-plan, de quelque toile peinte

1. A. Artaud, *op. cit.*
2. L'épisode musical est dans *Les Puritains*, I, n° 9, mesures 12-29, et la figure utilise évidemment une des esquisses de Nono pour *Verso Prometeo*; sur ce thème, voir H. P. Haller, « La tecnica del "live electronic" allo Studio sperimentale di Friburgo », in *Luigi Nono e il suono elettronico*, Milano Musica, Milan, 2000, p. 213-217.

qui tînt compte du calendrier et de tous ces détails propres au roman historique que le livret lui-même revendiquait. J'avais oublié Sandro Sequi, je ne me rappelais plus rien. Alors je compris qu'à la place du metteur en scène – et du « théâtre » au sens pauvre du terme – il y avait ce garçon aux cheveux noirs, dressé au milieu de l'orchestre à qui, presque toute la soirée, j'avais crié « Bravo ! » – avec une obstination particulière après les airs d'Elvira, car aucun doute n'était permis sur qui était le *goleador*! Non du fait de cet esprit grégaire odieux au Canetti de *Masse et Puissance*[1], à l'Adorno de la *Meisterschaft*[2], à l'Hindemith des *Interpreten*[3], ni par volonté d'atténuer une certaine exubérance, mais pour une chose infiniment plus simple : l'authentique identification qui, depuis Aristote, définit le spectateur de théâtre comme à la recherche d'une vue instantanée mais imprévue et éphémère sur un au-delà insoupçonné et sur une vie – celle du baryton, en l'occurrence – qui un jour nous a profondément touchés, à notre insu. Le lendemain matin, dès le début de sa recension, Pinzauti était obligé de l'admettre : « La fascination du théâtre lyrique tient aussi à un "bravo!" crié au moment le moins opportun : c'est au fond un signe de vie et de participation »[4] ; quant à moi, je me sentais comme un gamin satisfait, tel le *Bombarelo* de De André.

Comme toutes les réactions personnelles, la mienne passera peut-être pour un caprice, ou pour le regeste inutile

1. E. Canetti, *Masse et Puissance*, Gallimard, coll. « Tel », 1986.
2. T. W. Adorno, *Die Meisterschaft*, *op. cit.*
3. P. Hindemith, *Interpreten*, in *Komponist in seiner Welt*, Atlantis, Zürich, 1994, p. 171 *sq.*; il est évident que cette aversion pour le chef d'orchestre comme figure essentiellement autoritaire trahit, comme pour ses célèbres compatriotes ci-dessus, le souvenir effrayant et obscène du Führer.
4. L. Pinzauti, « Entusiasmo di altri tempi per I Puritani al Communale », *La Nazione*, 2 décembre 1970, reproduit dans *Riccardo Muti al Teatro Communale di Firenze 1968-1982*, ETS, Pise, 2009, p. 17. Muti avait déjà dirigé au Communale, mais c'est ce soir-là que se manifesta un sentiment imprévu dans son rapport avec le public dont l'illustre chroniqueur rend compte avec l'honnête objectivité qui est la sienne.

d'une nostalgie largement inconsciente, censée demeurer secrète. Peut-être est-ce le signe de quelque chose de plus, apte à décrire la nature du personnage et de son phénomène en des termes moins fragiles qu'il n'y paraît. Les idées régissant quelques-unes des pages de Carmelo Bene me le suggèrent : gare à une mise en scène qui reproduit le texte avec le respect timide de qui se contente de le lire sans se soucier du désir de nouveauté qui nous habite quand nous sommes dans la pénombre d'un théâtre, et gare aussi à celle qui se risque à gâter le mélodrame : la musique y est déjà mise en scène, et la partition s'y substitue impeccablement au texte en éclairant les situations et l'intrigue avec des outils plus explosifs que les mots.

Dans la tradition de l'école italienne, celle fondée, par conscience du grand public, par Toscanini, s'est développée, dans le temps comme dans les pages d'un « roman familier », la généalogie des De Sabata, Gui, Gavazzeni, jusqu'au sublime Carlo Maria Giulini (je le dis à la lettre : avec une « pensée qui, transcendant les frontières du beau, soulève notre âme des basses choses terrestres pour la transporter dans les champs de l'infini[1] »), avec les Votto et les Serafin, ces gardiens invisibles, dans l'obscurité de la « fosse » d'opéra, d'un secret transmis en droite ligne de Verdi et Puccini ; héritier de cette tradition, Muti apparaît à la fin des années 1960, reprenant l'usage musical italien, dirigeant le répertoire symphonique aussi bien que l'opéra. L'un et l'autre sans distinction hiérarchique. Le premier vitalisé par la force « représentative » et par la puissance scénique du

1. La définition figure dans le *Dizionario* de Tommaseo ; j'ignore combien nous sommes à le penser, mais nous avons l'heureuse compagnie de Fedele D'Amico : « "Nous autres, en Angleterre, regardons Giulini comme le plus grand chef d'orchestre que l'Italie ait produit depuis Toscanini" ; j'aurais contresigné à tout point de vue » (« Insuperabile sarà lei ! », in *Tutte le chronache*, *op. cit.* p. 1613) ; « Giulini, c'est le contraire : son, nuances, etc. Création, naissance du phrasé ; c'est un phrasé plus intime que voyant, mais très pénétrant et omnipotent » (« Stasera dirige Dominiddio », *ibid.*, p. 1655) ; enfin, réfutant les disques d'un Furtwängler adoré : « Gardez vos disques, je préfère soulager ma mémoire de vos réincarnations et m'en vais écouter Giulini » (p. 1505 *sq.*).

second, le second traité avec une dignité et un scrupule également de mise dans le premier. En un instant se résolut la *vexata quaestio* de l'« expression » : pour Muti, dans la musique, qu'il y eût un livret ou non, on devait toujours « parler », communiquer quelque chose à un public, en des termes les plus rapides et les plus authentiques possibles, dans le respect du texte – ce qui va sans dire –, mais en le reproduisant avec le même élan *créatif* (inné ? instinctif ? intuitif ?) que celui de l'auteur (et nous empruntons ici à Adorno son paradoxe de l'« *abschreiben* »).

Le mélodrame devenait le lieu d'une rencontre extraordinaire avec le public car chaque note était le vecteur d'un sens qui allait au-delà des exigences de la trame ; et la nouvelle trame, surtout musicale, se faisait si nécessaire, ininterrompue, que l'on reconnaissait en Muti ce « metteur en scène » dont il est question avec emphase dans la *Voce di Narciso*, l'artiste à même d'en révéler le contenu le plus minime. Que l'on veuille le croire ou non, c'était comme rendre superflu le rôle du metteur en scène : le rôle *lui* revenait en une sorte de « théâtre » très spécial et, semble-t-il, non pratiqué jusque-là. Son instinct visionnaire lui permettait d'exprimer une « situation » émotive dans les lignes mêmes de la phrase musicale et du chant avec une vivacité qui, sans aucun doute possible, emportait tout de suite la conviction et offrait la meilleure expérience du théâtre, faite de siècles – pardon de me répéter – de petites choses : identification, piété, pathos, concorde et crainte.

Je le compris ce 1er décembre, et je l'éprouvai à nouveau, de façon plus indépassable encore, un certain après-midi de juin 1996 : j'assistai ce jour-là, au Comunale de Bologne, et sous la baguette de Muti, à la dernière répétition d'orchestre d'une *Cavalleria rusticana* prévue pour Ravenne dix jours plus tard. Répétition sans chanteurs, sans choristes et – bien évidemment – sans plateau. J'eus l'impression de jouir de Mascagni au maximum. Et l'obscurité du livret, quoique atténuée par le résumé que j'avais en mémoire, ne fit pas obstacle à la compréhension ; elle me fut plutôt l'occasion d'une impression jamais éprouvée lors d'une représentation.

Pour me faire comprendre, je dirai qu'il m'arrive un peu la même chose quand j'écoute un célèbre enregistrement de Toscanini en répétition, dans la deuxième partie du deuxième acte de *La Traviata* de Verdi, avec orchestre seul, à savoir la fête dans la maison de Flora. Honneur au mérite : pour moi, nul besoin de voir, puisque le chef fait tout, se substitue au metteur en scène, remplace le livret et nous explique – par l'âpre moyen des notes – combien est vrai ce passage de l'essai « métaphysique » d'Artaud, qui, pour éclairer la nature du Théâtre, le compare à la masse d'une pyramide. Que diable d'autre avaient construit les Égyptiens, dans le désert, si ce n'est une montagne scénique née de rien (par « rien », entendre la petite dépouille du pharaon, c'est-à-dire le texte)? Je lis dans *Le Théâtre* : « Et en faire sur la scène un but, c'est s'abstenir de se servir de la scène, c'est comme quelqu'un qui aurait les pyramides pour y loger le cadavre d'un pharaon et qui, sous prétexte que le cadavre du pharaon tient dans une niche, se contenterait de la niche, et ferait sauter les pyramides. Il ferait sauter en même temps tout le système philosophique et magique dont la niche n'est que le point de départ et le cadavre la condition[1]. »

Je parviendrai peut-être mieux à éclairer ce que j'éprouvai alors en recourant une fois de plus à une citation du cru. Il s'agit d'un souvenir d'enfance de Carmelo Bene :

« Pour moi, en somme, le théâtre, c'était le théâtre “lyrique” : des sons, des lumières, des fastes, des prodigalités, un spectacle où l'on ne parlait pas comme dans la vie. À mon oreille d'enfant, ces gens de “prose” avaient l'air – deux ou trois fois j'en fus le spectateur –, tant elle leur était naturelle, de grommeler ensemble. [...]

— Ils chantent quand? demandais-je, harcelant la grand-mère.

— Ignorant, ceux-ci ne chantent pas, ils parlent.

— Ils parlent et ils sont payés pour ça?

— Tu voudrais qu'ils parlent gratis, peut-être?

— Mais le théâtre, c'est aussi là qu'on va écouter la musique et chanter.

— Oh! la barbe. Ceux-là, ils n'ont rien à voir avec la musique. Ils n'ont pas de voix.

1. A. Artaud, « Première lettre sur le langage », in *Le Théâtre et son double*, *op. cit.*

— Alors qu'est-ce qu'on fait ici[1] ? »

En commençant par l'aperçu autobiographique, la passion insinuante de ce grand acteur pour le drame et pour l'opéra étonne. Au théâtre de l'opéra, on chante, pas au théâtre *tout court*[2]. De sorte que ce souvenir d'enfance est une espèce d'apologue, lequel témoigne non seulement d'une ferveur authentique pour un genre donné, mais encore de ce que Bene pense du théâtre. Chacun sait qu'il partageait l'opinion d'Artaud : « L'aphasie du langage se révèle ponctuelle dans les intervalles entre un vêtement et l'autre, dans la négligence, dans certaines combinaisons maladroites des habillages, des discordances, etc. Dans de pareils incidents, le balbutiement, les spasmes inhumains, les grognements, les toux excessives, convulsives, les sueurs chaudes et les sueurs froides, le nommer insensé dominent le champ scénique[3]. » Et encore : « Le dramaturge *a priori* n'est concevable que si son texte, loin du trop décourageant et habituel tennis de "répliques" en prose, est au contraire déjà un projet de spectacle ; si, comme dans la spécificité de la musique, il est partition que l'exécution réinventera au soir de sa fête[4]. »

Au moment de changer de costume, si Dieu le veut, du texte tragique on ne reproduit pas les mots, ni aucun vers. C'est-à-dire que se réalise l'idéal qui marqua l'expérience infantile : ils cessent de se raconter leurs histoires personnelles sur scène. Un contraste entre le texte et l'acteur temporairement muet met d'un côté le langage et, de l'autre, tout ce qui lui est étranger, le premier étant dégradé au rang d'« aphasie ». C'est la théorisation adulte de l'expérience infantile avec la grand-mère. De « pareils incidents » finissent en « domination » : tout ce qui appartient à l'autre plateau de la balance dépasse, du point de vue de la scène, le *côté*[5] linguistique.

1. C. Bene, « Palco di prosa » (Giuseppe Di Stefano), in *Sono apparso alla Madonna*, *op. cit. Vie d'(H)eros(es)*, in *Opere*, *op. cit.*, p. 1112.
2. En français dans le texte. (*NdT*)
3. C. Bene, *op. cit.* p. 997.
4. *Ibid.*, p. 1006.
5. En français dans le texte. (*NdT*)

Préférer le « balbutiement » et, en particulier, tirer profit du « nommer insensé », poser d'un côté le langage et, de l'autre, un résidu guère identifié et assez vaste, n'est pas paradoxe isolé mais étape d'une polémique vieille de deux mille ans, et marque plus ou moins toute l'histoire du théâtre : elle marche contre Aristote qui, avec sa passion pour le « texte », au détriment des éléments accessoires et spectaculaires, réside exactement aux antipodes. Moyennant quoi, devenir des fanatiques du mélodrame est inéluctable. Bene l'aborde avec le « tennis » créé par l'« échange » des répliques et oppose à la « prose » la fête de la mise en scène (dans la *Poétique* aristotélicienne, les termes sont précisément ceux de *lexis* et *psis*) : d'une part, le théâtre mesquin et, de l'autre, le théâtre vrai. Ainsi, pour parler de sa poétique, il ne trouve rien de mieux que le modèle de l'opéra : il s'attache à la *partition* parce qu'il a fondé, avec conviction, l'homologie essentielle entre théâtre et mélodrame ; ici, la partition se substituant au texte, le metteur en scène « dramaturge » disparaît enfin pour laisser la place au compositeur et, de fait, dans le sujet qui nous intéresse, au chef d'orchestre.

Ce genre de paradigme concourt à expliquer le tempérament, la vertu et le caractère de Riccardo Muti chef d'orchestre : tout à fait dans la perspective de Bene (le texte ennemi du théâtre, le théâtre comme méritant autre chose), la mise en scène trouve dans l' « accompagnement » de l'orchestre un objet précieux qui n'est pas un lieu où l'on a le temps de bavarder, un objet qui n'est ni « socratisme » ni pur « langage ». Et telle est la raison de l'accident sentimental qui m'arriva lors de la *Cavalleria* bolonaise comme « *symphonische Dichtung* » ; ou de la curiosité – je dois revenir à décembre 1970 ! – qui me vint subitement aux accents hyper-marqués dont le maestro habillait le *ménage à trois*[1], à l'apogée du premier finale des *Puritains* : « *Ah ! che festi ? — La prigioniera ! — Dessa io son ! — Vien... tua voce altera or col ferro sosterrai. — No, con lei su illeso andrai...* » :

1. En français dans le texte. (*NdT*)

Ce sont les exemples du verdien : « [...] dans peu de temps, ma musique, vous la verrez seulement[1] » ou de l'« œil ému au moins autant que l'oreille[2] » d'Artaud, ce « grésillement d'un feu d'artifice à travers le bombardement nocturne des étoiles » que Muti, s'adressant aux musiciens de l'orchestre, se hâte de transposer en « langage scénique » : « Comme une grimace ! » Je l'ai vu opérer ainsi dans certains passages inoubliables du *Nabucco*, de *Nina* ou des *Noces de Figaro*[3] :

1. Bene (*op. cit.*) attribue ces mots à Verdi.
2. A. Artaud, « La mise en scène... », *loc. cit.*
3. *Nabucco*, ouverture, mesures 207 *sq.* ; *Nina*, *explicit* de l'acte I (auquel se réfère précisément la phrase du maestro) ; *Les Noces de Figaro*, ouverture, mesures 61 *sq.*

Durant les années du *Regie Theather*, le mélodrame est donc, pour faire court, le paradigme du théâtre au sens noble : « Encore plus grotesque et intolérable est la présence du metteur en scène dans l'œuvre lyrique, [...] la situation étant régulièrement aggravée par la "morbidité" du décor : je n'arrive pas à écouter Mozart sans le châtiment visuel d'un salon "comme ci" et pas "comme ça". » Les lumières, toujours ignorantes de la musique, servent seulement à « y voir » et à colorer (quand il fait beau) une aube et un couchant que la partition a déjà illuminés ou éteints. Verdi prophétise : « Bientôt, ma musique, vous la verrez seulement... [...] Chez Verdi, la musique est toujours action, elle offre même nombre d'effets "calibrés", calculés, qui ne supportent pas la vulgarité d'un redoublement visuel. [...] Dans le grand oubli des scènes dorées, le mot était musique, jusqu'au jour où l'avènement de l'*epos* euripido-socratique dégrada la poésie tragique en dialectique. Cette guerre intense déclarée à la raison morale de l'ivresse nécessita un prologue verbeux qui frustra le théâtre de sa "consolation métaphysique"[1]. »

Il monologo: peut-être le chapitre le plus important des écrits de Bene. Ses lignes nous parlent avec la simplicité d'un manuel. D'une part, la musique du mélodrame est si théâtrale qu'elle *se voit* plus qu'elle ne s'entend, raison pour laquelle ce que fait le metteur en scène aboutit au pléonasme ; d'autre part, le texte et ses misères dialectiques gâtent irrémédiablement l'expérience enivrante du spectateur : la construction irrésistible des notes est, sur l'autre versant, métaphore royale du théâtre et de la mise en scène.

Pour récapituler : Aristote, lisant les tragiques, se souciait surtout des mots écrits et très peu du texte représenté (dans

1. C. Bene, *op. cit.*, p. 1011 *sq.*

le double aspect de *conspectus* et *apparatus*[1]). Beaucoup – dont Artaud chez les modernes – ont renversé cette hiérarchie, et Carmelo Bene qui, quant à lui, était résolu à libérer le théâtre de toute mise en scène susceptible d'écraser le texte, découvrit dans le mélodrame le genre le plus propre à le représenter, car le livret (le texte) s'écrit à part et n'est rien par rapport à une musique (Théâtre) qui l'amplifie excessivement : au texte détestable se substitue la partition, et le compositeur prend la place du metteur en scène honni.

Comme nous n'avons pas accès au compositeur, sans l'entremise magique du chef d'orchestre, et comme chacun n'a pas le sens scénique d'un Riccardo Muti, voici l'éclairage sous lequel m'apparaît – qu'on me passe le mot – son art.

Nietzsche écrivait au printemps 1880 : « Le poète met en jeu notre volonté instinctive de connaître, tandis que le compositeur la met au repos ; le poète et le compositeur pourront-ils jamais tomber d'accord? Quand nous nous abandonnons complètement à la musique, nous n'avons aucun mot en tête et c'est un grand confort. Dès que nous recommençons à écouter des mots et à chercher des conclusions, en somme quand nous comprenons le texte, aussitôt notre réaction à la musique devient superficielle, nous la lions *illico et immediate* aux concepts, nous la comparons aux sentiments, nous poursuivons des résultats symboliques. Tout cela est très divertissant, mais la magie profonde et singulière qui a mis notre pensée au repos, ce crépuscule béni qui pour une fois a éteint la lumière du jour de l'esprit, tout cela s'évanouit. En revanche, quand on ne comprend plus les mots, tout se remet en ordre et, par bonheur, c'est la règle en général : les pires textes sont toujours ceux qu'il faut préférer et

1. C'est la double version employée dans les premières traductions latines de Valla (1498) et de Pazzi (1536) pour exprimer le grec *òpsis*; que la seconde soit devenue « dès lors d'usage courant dans les commentaires de la *Poétique* lue en latin » (F. Donaldi, *Per una interpretazione aristotelica del dramma*, in AA.VV., *Poetica e stile*, Liviana, Padoue, 1976, p. 6) n'étonnera pas les lecteurs de Bene, l'ennemi du « pauvrisme », le nostalgique du lustre et de la « scène dorée », d'un « sens visuel non complémentaire de la voix » (*op. cit.*).

c'est justice, car ils ne cherchent pas à attirer l'attention, au contraire ils entendent être négligés[1]. »

Ce qui revient à dire, en d'autres termes : « Qu'importe que vous n'y compreniez rien. L'important, c'est ce que cela vous dit personnellement, les émotions que cela vous inspire ; les donneurs de leçons, on s'en fiche[2]. »

1. *Fragments posthumes*, 3.118.
2. Riccardo Muti aux détenus de Bollare, le soir du 18 janvier 2010.

Discographie sélective

Riccardo Muti a beaucoup légué au disque. Cette discographie non exhaustive propose au lecteur quelques pistes d'enregistrements marquants du maestro italien (CD et DVD) facilement accessibles sur les marchés français, anglais ou allemand. Sauf exception, de nombreux live *reproduits souvent dans des qualités d'écoute discutable ont été écartés. Les dates indiquées sont, dans la majorité des cas, celles de l'année de l'enregistrement et non du copyright. Enfin, un certain nombre des CD cités sont des captations* live *et existent également en DVD. Les opéras enregistrés à la Scala de Milan ont été réalisés avec l'orchestre et le chœur de cette illustre maison.*

Philippe R. Simon

CD :

Beethoven Ludwig van, *Symphonies* (intégrale), Philadelphia Orchestra, 1998 (EMI).

Beethoven Ludwig van, *Concerto pour violon*, V. Repin (violon), Wiener Philharmoniker, 2007 (DG).

Bellini Giovanni, *I Puritani*, M. Caballé (soprano), A. Kraus (ténor), Chœur Ambrosian et Philharmonia Orchestra, 1979 (EMI).

Bellini Giovanni, *I Capuleti e i Montecchi*, E. Gruberova (soprano), A. Baltsa (mezzo), Orchestre et Chœur du Covent Garden, 1984 (EMI).

Berlioz Hector, *Symphonie fantastique*, Philadelphia Orchestra, 1985 (EMI).

Berlioz Hector, *Roméo et Juliette*, J. Norman (soprano), J. Aller (ténor), S. Estes (basse), Philadelphia Orchestra, 1986 (EMI).

BRAHMS Johannes, *Symphonies* (intégrale) + divers, Philadelphia Orchestra, 1989-1990 (Philips).

BRAHMS Johannes, *Concerto pour piano n° 1*, A. Weissenberg (piano), Philadelphia Orchestra, 1983 (EMI).

BUSONI Ferruccio, *Turandot Suite* + Alfredo Casella, *Paganiniana,* Giuseppe Martucci, *Trois pièces*, Orchestra Filarmonica della Scala, 1992 (Muti).

CHERUBINI Luigi, *Missa solemnis*, R. Ziesak (soprano), M. Pizzolato (mezzo), H. Lippert (ténor), I. Abdrazakov (basse), chœurs et orchestre de la Bayerischen Rundfunks, 2006 (EMI).

CHERUBINI Luigi, *Requiems*, solistes, chœurs et orchestres divers, 1982 à 2001 (EMI).

CHOSTAKOVITCH Dmitri, *Symphonie n° 5*, Philadelphia Orchestra, 1993 (EMI).

DEBUSSY Claude, *La Mer* (+ Ravel, Chausson), Philadelphia Orchestra, 1993 (EMI).

DONIZETTI Gaetano, *Don Pasquale*, M. Freni (soprano), S. Bruscantini (baryton), L. Nucci (baryton), Philharmonia Orchestra, 1983 (EMI).

DVOŘÁK Antonín, *Symphonie n° 9 « du Nouveau Monde »*, New Philharmonia Orchestra, 1976 (EMI).

DVOŘÁK Antonín, *Concerto pour violon*, K.-W. Chung (violon), Philadelphia Orchestra, 1989 (EMI).

FRANCK César, *Symphonie en* ré *mineur*; *Le Chasseur maudit*, Philadelphia Orchestra, 1983 (EMI).

GLUCK Christoph W. von, *Iphigénie en Tauride*, C. Vaness (soprano), T. Allen (baryton), G. Winbergh (ténor), Teatro alla Scala, 1992 (Sony).

GLUCK Christoph W. von, *Orfeo ed Euridice*, A. Baltsa (mezzo), M. Marshall (soprano), E. Gruberova (soprano), Chœur Ambrosian et Philharmonia Orchestra, 1981 (EMI).

HAYDN Joseph, *Les Sept Dernières Paroles du Christ en croix*, Wiener Philharmoniker, 1982 (EMI).

LEONCAVALLO Ruggero, *Pagliacci*, R. Scotto (soprano), J. Carreras (ténor), Chœur Ambrosian et Philharmonia Orchestra, 1979 (EMI).

LISZT Franz, *Faust-Symphonie*, G. Winbergh (ténor), Philadephia Orchestra, 1982 (EMI).

MAHLER Gustav, *Symphonie n° 1 « Titan »*, Philadelphia Orchestra, 1984 (EMI).

MARTUCCI Giuseppe, *Concerto pour piano n° 2*, G. Oppitz (piano), Symphonieorchester des Bayerischen Rundfunks, 2004 (Clearandio).

MASCAGNI Pietro, *Cavalleria rusticana*, M. Caballé (soprano), J. Carreras (ténor), Chœur Ambrosian et Philharmonia Orchestra, 1979 (EMI).

MENDELSSOHN Félix, *Symphonies n° 3, 4* et *5*, New Philharmonia Orchestra, 1974-1979 (EMI).

MOUSSORGSKI Modest, *Tableaux d'une exposition*, Philadelphia Orchestra, 1978 (EMI).

MOZART Wolfgang Amadeus, *Symphonies n° 25, 36, 39* et *40*, Wiener Philharmoniker, 1993 et 1998 (Philips).

MOZART Wolfgang Amadeus, *Concerto pour clarinette* (P. Messina), Orchestre national de France, 2012 (Radio France).

MOZART Wolfgang Amadeus, *La Clemenza di Tito*, G. Winbergh (ténor), C. Vaness (soprano), Wiener Philharmoniker, 1988 (EMI).

MOZART Wolfgang Amadeus, *Le Nozze di Figaro*, T. Allen (baryton), K. Battle (soprano), J. Hynninen (baryton), L. Price (soprano), Wiener Philharmoniker, 1986 (EMI).

MOZART Wolfgang Amadeus, *Così fan tutte*, M. Marshall (soprano), A. Baltsa (mezzo), J. Morris (baryton-basse), F. Araiza (ténor), Wiener Philharmoniker, 1982 (EMI).

MOZART Wolfgang Amadeus, *Don Giovanni*, W. Shimell (baryton), S. Ramey (basse), C. Studer (soprano), C. Vaness (soprano), Wiener Philharmoniker, 1990 (EMI).

MOZART Wolfgang Amadeus, *Requiem*, P. Pace (soprano), W. Meier (soprano), F. Lopardo (ténor), J. Morris (baryton-basse), Chœur de la Radio de Stockholm, Berliner Philharmoniker, 1987 (EMI).

ORFF Carl, *Carmina Burana*, A. Auger (soprano), J. Summers (baryton), J. van Kesteren (ténor), Philharmonia Chorus and Orchestra, 1980 (EMI).

PROKOFIEV Sergei, *Roméo et Juliette* (suites n° 1 et 2), Philadelphia Orchestra, 1985 (EMI).

PROKOFIEV Sergei, *Ivan le Terrible*, I. Arkhipova (mezzo), A. Mokrenko (baryton), B. Morgunov, Philharmonia Orchestra, 1977 (EMI).

PROKOFIEV Sergei, *Symphonies n° 1* et *3*, Philadelphia Orchestra, 1990 (Philips).

PUCCINI Giacomo, *Tosca*, C. Vaness (soprano), G. Giacomini (ténor), G. Zancanaro (baryton), Philadelphia Orchestra, 1991-1992 (Philips).

RACHMANINOV Sergei, *Concertos pour piano n° 2* et *3*, A. Gavrilov (piano), Philadelphia Orchestra, 1986 et 1989 (EMI).

RESPIGHI Ottorino, *Fontane di Roma, Feste Romane, Pini di Roma*, Philadelphia Orchestra, 1985 (EMI).

RIMSKI-KORSAKOV Nicolaï, *Schéhérazade*, Philadelphia Orchestra, 1982 (EMI).

ROSSINI Giacchino, *Stabat Mater*, C. Malfitano (soprano), A. Baltsa (mezzo), R. Gambill (ténor), Mai musical florentin, 1982 (EMI).

ROSSINI Giacchino, *Gugliemo Tell*, G. Zancanaro (baryton), C. Merritt (ténor), G. Surjan (basse), Teatro alla Scala, 1989 (Philips).

ROSSINI Giacchino, *La Donna del lago*, J. Anderson (soprano), M. Dupuy (mezzo), R. Blake (ténor), C. Merritt (ténor), etc., Teatro alla Scala, 1992 (Philips).

ROTA Nino, *Musiques de film*, Filarmonia della Scala, 1997 (Sony).

ROTA Nino, *Concertos pour piano*, G. Tomassi (piano), Filarmonia della Scala, 1999 (EMI).

SCHUBERT Franz, *Symphonies* (intégrale), Wiener Philharmoniker, 1986 à 1992 (EMI).

SCHUMANN Robert, *Symphonies* (intégrale) + *Ouvertures*, Philharmonia et New Philharmonia Orchestra, 1976 à 1978 (EMI).

SCRIABINE Alexandre, *Symphonies* (intégrale), Philadelphia Orchestra, 1991 (EMI).

SPONTINI Gaspare, *La Vestale*, K. Huffstodt (soprano), A. Michaels-Moore (baryton), Teatro alla Scala, 1993 (Sony).

STRAUSS Johann, *Valses* et *Polkas*, Wiener Philharmoniker, 1997 et 2000 (EMI).

STRAVINSKY Igor, *Le Sacre du printemps*, Philadelphia Orchestra, 1978 (EMI).

TCHAÏKOVSKI Piotr Illitch, *Symphonies* (intégrale) + pages symphoniques, Philadelphia Orchestra, 1975 à 1991 (EMI).

TCHAÏKOVSKI Piotr Illitch, *Symphonie n° 6 « Pathétique »*, Orchestre national de France, 2003 (Naïve).

TCHAÏKOVSKI Piotr Illitch, *Roméo et Juliette*, Philharmonia Orchestra, 1977 (EMI).

VERDI Giuseppe, *Nabucco*, M. Manuguerra (baryton), R. Scotto (soprano), N. Ghiaurov (basse), Chœur Ambrosian, Philharmonia Orchestra, 1978 (EMI).

VERDI Giuseppe, *Ernani*, P. Domingo (ténor), M. Freni (soprano), R. Bruson (baryton), Teatro alla Scala, 1982 (EMI).

VERDI Giuseppe, *Attila*, S. Ramey (basse), C. Studer (soprano), N. Shicoff (ténor), Teatro alla Scala, 1989 (EMI).

VERDI Giuseppe, *Rigoletto*, R. Alagna (ténor), A. Rost (soprano), R. Bruson (baryton), Teatro alla Scala, 1994 (Sony).

VERDI Giuseppe, *La Traviata*, R. Scotto (soprano), A. Kraus (ténor), R. Bruson (baryton), Philharmonia Orchestra, 1981 (EMI).

VERDI Giuseppe, *I Vespri Siciliani*, R. Scotto (soprano), V. Luchetti (ténor), R. Bruson (baryton), R. Raimondi (baryton), Mai musical florentin, 1978, Gala.

VERDI Giuseppe, *La Forza del Destino*, M. Freni (soprano), P. Domingo (ténor), G. Zancanaro (baryton), Teatro alla Scala, 1986 (EMI).

VERDI Giuseppe, *Macbeth*, P. Cappuccilli (baryton), S. Verett, N. Giaurhov (basse), Teatro alla Scala, 1976 (DGG).

VERDI Giuseppe, *Don Carlo*, L. Pavarotti (ténor), S. Ramey (basse), D. Dessi (soprano), Teatro alla Scala, 1994 (EMI).

VERDI Giuseppe, *Un ballo in maschera*, M. Arroyo (soprano), P. Domingo (ténor), P. Cappuccilli (baryton), Chœur du Covent Garden et Philharmonia Orchestra, 1975 (EMI).

VERDI Giuseppe, *Aida*, M. Caballé (soprano), F. Cossotto (mezzo), P. Domingo (ténor), P. Cappuccilli (baryton), New Philharmonia Orchestra, 1974 (EMI).

VERDI Giuseppe, Ottelo, A. Antonenko (ténor), K. Stoyanova (soprano), C. Guelfi (baryton), Chicago Symphony Orchestra, 2013 (CS0).

VERDI Giuseppe, *Falstaff*, J. Pons (baryton), R. Frontali (baryton), D. Dessi (soprano), Teatro alla Scala, 1993 (Sony).

VERDI Giuseppe, *Il Trovadore*, S. Licitra (ténor), B. Frittoli (soprano), L. Nucci (baryton), Teatro alla Scala, 2000 (Sony).

VERDI Giuseppe, *Ouvertures* et *Préludes*, Teatro alla Scala, 1993 (Sony).

VERDI Giuseppe, *Chœurs d'opéras*, Teatro alla Scala, 1981 (EMI).

VERDI Giuseppe, *Quatre Pièces sacrées*, A. Auger (soprano), Chœur de la Radio suédoise, Berliner Philharmoniker, 1982 (EMI).

VERDI Giuseppe, *Messa da Requiem*, R. Scotto (soprano), A. Baltsa (mezzo), V. Luchetti (ténor), E. Nesterenko (basse), Teatro alla Scala, 1979 (EMI).

VIVALDI Antonio, *Le Quattro Stagioni*, Teatro alla Scala, 1993 (EMI).

VIVALDI Antonio, *Gloria* RV 589, *Magnificat* RV 611, T. Berganza (soprano), L. Valentini-Terrani (mezzo), New Philharmonia Orchestra, 1976-1977 (EMI).

DVD :

DONIZETTI Gaetano, *Don Pasquale*, F. Furlanetto (basse), L. Gallo (baryton), N. Focile (soprano), Teatro alla Scala, 1994 (Arthaus).

HAYDN Joseph, *Les Sept Dernières Paroles du Christ en croix*, Teatro alla Scala, 2000 (EMI).

HAYDN Joseph, *La Création*, L. Popp (soprano), F. Araiza (ténor), S. Ramey (basse), O. Bär (baryton), Wiener Philharmoniker, 1990 (Arthaus).

MOZART Wolfgang Amadeus, *Così fan tutte*, M. Marshall (soprano), A. Murray (mezzo), F. Araiza (ténor), Wiener Philharmoniker, 1983 (TDK).

MOZART Wolfgang Amadeus, *Così fan tutte*, B. Frittoli (soprano), A. Kirchschlager (mezzo), B. Skovhus (baryton), Opéra de Vienne, 1996 (Medici Arts).

MOZART Wolfgang Amadeus, *Die Zauberflöte*, D. Damrau (soprano), G. Kühmeier (soprano), C. Gerhaher (baryton), R. Pape (basse), Wiener Philharmoniker, 2006 (Decca).

PERGOLÈSE (Giovanni Battista Pergolesi), *La Frate'nnamorato*, E. Norberg-Schulz (soprano), N. Curiel (mezzo), N. Focile (soprano), Teatro alla Scala, 1989 (Brilliant).

POULENC Francis, *Dialogues des carmélites*, D. Schellenberger (soprano), A. Silja (soprano), B. Dever (mezzo), Teatro alla Scala, 2004 (TDK).

PUCCINI Giacomo, *Manon Lescaut*, J. Cura (ténor), M. Guleghina (soprano), L. Gallo (baryton), Teatro alla Scala, 1998 (Arthaus).

PUCCINI Giacomo, *Tosca*, M. Guleghina (soprano), S. Licitra (ténor), L. Nucci (baryton), Teatro alla Scala, 2000 (Euro Arts).

ROSSINI Giacchino, *Mosè in Egitto*, I. Abdrazakov (basse), E. Schrott (baryton), Teatro alla Scala, 2003 (Arthaus).

ROSSINI Giacchino, *La Donna del lago*, R. Blake (ténor), G. Surjan (basse), C. Merritt (ténor), J. Anderson (soprano), Teatro alla Scala, 1992 (Brilliant).

ROSSINI Giacchino, *Gugliemo Tell*, G. Zancanaro (baryton), C. Studer (soprano), C. Merritt (ténor), Teatro alla Scala, 2004 (Opus Arte).

VERDI Giuseppe, *Otello*, A. Antonenko (baryton), M. Poplavkaya (soprano), M. Alvarez (ténor), Wiener Philharmoniker, 2008 (C Major).

VERDI Giuseppe, *Falstaff*, A. Maestri (baryton), R. Frontali (baryton), J. D. Flórez (ténor), Teatro alla Scala (live à Busetto), 2001 (TDK).

VERDI Giuseppe, *Don Carlo*, S. Ramey (basse), L. Pavarotti (ténor), P. Coni (baryton), N. Focile (soprano), Teatro alla Scala, 1992 (EMI).

VERDI Giuseppe, *Ernani*, M. Freni (soprano), N. Ghiaurov (basse), P. Domingo (ténor), R. Bruson (baryton), Teatro alla Scala, 1982 (NVC).

VERDI Giuseppe, *Nabucco*, G. Dimitrova (soprano), R. Bruson (baryton), Teatro alla Scala, 1987 (NVC).

Concert de réouverture de la Fenice de Venise (Beethoven, Stravinsky, Caldara, Wagner), 2003 (TDK).

INDEX

L'italique renvoie aux notes.

TABLE

Cet ouvrage a été composé par
Atlant'Communication
au Bernard (Vendée)

Impression réalisée par

PRÉSENCE GRAPHIQUE

en février 2014
pour le compte des éditions de l'Archipel
département éditorial
de la S.A.S. Écriture-Communication

Imprimé en France
N° d'impression : 021447602
Dépôt légal : mars 2014